FALV RENCAI PEIYANG
MOSHI TANSUO

法律人才培养
模式探索

■ 强昌文　郑玉敏　著

合肥工业大学出版社

前　言

　　本书是东莞理工学院法学专业教师探索法律人才培养模式的实践梳理和理论总结。我院法学本科专业自 2004 年开始招生，目前在校生为 692 人，2016 年招生数为 110 人。目前法学专业除开办普通班外，还开办卓越法律人才实验班和法学（知识产权）辅修学位班，其中卓越法律人才培养实验班学生 90 人，法学（知识产权）辅修学位班学生 127 人。伴随着东莞理工学院从定位于培养适应地方经济和社会发展需要的应用型人才的地方院校到建设高水平理工科大学的发展历程，法学专业也历经了从定位于培养应用型法律人才到培养适应东莞需要的复合型、文理交叉的应用型人才的不断探索。法学专业设置以来，特别是近三年来充分利用学校建设高水平理工科大学的机遇，以培养适应地方需要的应用型、复合型人才为主线，进行了人才培养模式、课程体系、实践教学、教材建设、师资建设、教学方法等全方位的改革。本书作者从不同视角对法律人才培养改革进行了探讨。全书包括九章内容，完整反映了法学专业的发展历程和未来发展方向。第一章法学专业建设论证，是法学专业的发展规划；第二章精品资源共享课合同法学建设成果总结，反映了法学专业课程建设成绩；第三章卓越法律人才培养，包括卓越法律人才培养实验班实施方案和卓越法律人才第二课堂建设——以综合素质培养为导向两部分内容；第四章应用型理工科大学知识产权人才培养路径研究，是对法学专业举办知识产权辅修学位的总结和理工科大学培养知识产权人才的探索；第五章法学人才培养模式创新：基于导入公共管理学的途径，从公共管理学的路径论证了公共管理学课程在法律人才培养中的作用；第六章地方院校应用型法律人才培养模式的创新与实践，是根据学校建设高水平理工科大学的需要对法学专业的重新定位与发展探索；第七章法学专业建设总结，是对法学专业发展的总体概括和评估；第八章英国法学本科课程设置的探寻和启示，是总结英国法学教育对我国本科教育的有益启示；第九章法律硕士培养，包括中国法学教育改革的基本思路——法律硕士培养模式理论与实践和以职业教育为基本取向的报告两部分，主要是总结我国法律硕士教育的经验，为东莞理工学院法学专业发展寻找方向。本书由强昌文、郑玉敏著，沈亚萍、龚红兵、魏红征和罗兆婧老师提供了相应的素材并撰写了第三章、第四章、第五章和第八章部分内容。

目　录

第一章　法学专业建设论证 …………………………………… （001）

　　一、法学类专业基本概况 ……………………………… （001）

　　二、学生培养情况 ……………………………………… （001）

　　三、围绕法学类专业人才培养的具体措施及取得的成效 ……… （002）

　　四、专业发展的目标、任务及具体措施 ……………… （005）

第二章　精品资源共享课合同法学建设成果总结 ……………… （009）

　　一、项目的主要建设措施和已取得的主要成果 ………… （009）

　　二、项目主要成果的应用、推广和共享情况 …………… （012）

　　三、项目的主要创新性及其对教学改革的促进作用 …… （013）

　　四、项目建设存在的问题、后续建设设想及其应用推广计划

　　　　…………………………………………………………… （014）

第三章　卓越法律人才培养 …………………………………… （016）

　　一、卓越法律人才培养实验班实施方案 ……………… （016）

　　二、地方卓越法律人才培养计划的制订 ……………… （017）

　　三、卓越法律人才的第二课堂建设 …………………… （022）

第四章　应用型理工科大学知识产权人才培养路径研究 ……… （035）

　　一、大力培养具有高素质理工科背景知识产权人才的必要性

　　　　…………………………………………………………… （035）

二、应用型大学培养知识产权人才的现状与存在的问题 ········ （039）

三、培养理工科知识产权人才的主要方式 ·············· （042）

四、应用型知识产权人才培养体系的比较研究 ·········· （044）

五、东莞理工学院培养理工科知识产权人才的经验总结 ······ （055）

六、东莞理工学院应用型理工科知识产权人才的培养路径与方法

·· （062）

第五章 法学人才培养模式创新：基于导入公共管理学的途径 ····· （085）

一、问题的界定 ·· （085）

二、法学人才培养导入公共管理学的必要性 ·············· （088）

三、法学人才培养导入公共管理学的可行性 ·············· （091）

四、公共管理与法学人才培养路径 ······················ （093）

五、结语 ·· （097）

第六章 地方院校应用型法律人才培养模式的创新与实践 ·········· （098）

一、应用型法律人才培养模式的创新与实践的背景 ·········· （098）

二、人才培养模式改革的目标与方向 ···················· （099）

三、人才培养模式的创新与实践 ························ （099）

四、人才培养模式的成效与影响 ························ （103）

五、人才培养模式改革与创新的启示 ···················· （105）

第七章 法学专业建设总结 ······································ （106）

一、定位与目标 ·· （107）

二、教学建设与改革 ·· （108）

三、教学运行 ·· （133）

四、教学质量 ·· （146）

五、法学专业的专业特色 ···································· （159）

第八章 英国法学本科课程设置的探寻和启示 ………………… （162）

一、英国格拉斯哥大学的课程设置 ………………………… （163）

二、英国伦敦大学玛丽皇后学院的课程设置 ……………… （165）

三、我国法学本科课程设置的趋势 ………………………… （168）

第九章 法律硕士培养 ………………………………………… （175）

一、法律硕士培养模式理论与实践的报告 ………………… （175）

二、中国法学教育改革的基本思路——以职业教育为基本取向

………………………………………………………… （206）

第一章　法学专业建设论证^①

一、法学类专业基本概况

2002 年，教育部批准我校设立法学本科专业，同年 9 月开始招生。我校是东莞第一所设立法学本科专业的高校，法学专业定位于培养应用型法律人才。2014 年，法学专业被列为学校重点建设的二级学科。本专业有专业教师 20 人，其中教授 3 人、副教授 10 人、讲师 7 人，年龄结构以中青年教师为主，其中有 13 位教师具有博士学位，专任教师中 18 人具有律师资格，5 人具有仲裁员资格。本专业现建有模拟法庭实验室，可供开展各类实践教学、学生实训等活动，也可为科研工作提供服务；另建有法学专业资料室，拥有法学专业图书资料 1000 余册。经过 12 年的办学实践，法学专业取得了良好的办学成果和社会效益，已经在省内有一定的知名度。近 5 年来，本专业教师主持省部级课题 10 项、厅局级项目 20 项，参与各类课题研究 50 余项，发表法学学术论文 70 余篇，出版学术专著 10 部，科研成果快速形成，科研能力显著增强。

二、学生培养情况

（一）在校生培养质量

开办法学本科教育以来，法学专业克服各种不利因素，抓好常规教学

---

① 本文是强昌文主持的 2014 年广东省质量工程项目——法学专业综合改革（粤教高函〔2014〕97 号）和郑玉敏主持的 2010 年教育科学规划研究项目——法学专业实践教学体系构建及教学方法改革的研究与实践（2010TJK022）的研究成果。

工作，强化教学质量监控体系，提高人才培养质量，学生大学英语四六级通过率位居全校前列；司法考试通过率稳步提高；研究生考试录取率保持稳定。学生均被中山大学、西南政法大学、深圳大学等名校录取；学院积极组织学生开展学术科技活动，学生多次获得校级以上奖励。

（二）毕业生情况

毕业生就业率高，从毕业后两年内的数据统计来看，约三分之一的毕业生在各类国家机关从事公务员工作，约三分之一的毕业生从事律师工作，另三分之一毕业生从事其他类工作，专业对口率高。毕业生业务能力和职业素质获得社会的普遍认可，大部分已成为所在单位业务骨干，有的已经走上了领导岗位。

三、围绕法学类专业人才培养的具体措施及取得的成效

（一）教学改革情况

构建以精致化培养为手段、以学校和法律实务机构"协作式"培养为特点的应用型卓越法律人才培养模式。应用型卓越法律人才培养模式强调以理论知识为基础，以职业技能为重点，理论和技能协调发展；强调学生综合素质和职业能力的培养，在专业方向研究、课堂教学组织、考试制度改革等方面都以知识的应用为重点，并且突出法律实务机构在人才培养中的全程参与。

1. 应用型人才培养、导向型专业设置

根据地方法律人才需求和本专业的办学优势，学院致力于培养应用型法律人才，与企事业单位、法务机构联合制定人才培养方案；充分利用覆盖多个省份的实习实践基地和合作共建单位联合办学，面向地方发展的实际情况搞好专业建设。

2. 教学模式精致化

学院与法律实务部门协同组织教学活动，组建专业的教学团队，精密设置教学内容，坚持"集体备课、个别指导、精细组织"的原则实施教学

活动，打造精致化教学模式。理论教学突出对学生法律理论知识转化为实践能力的培训，加大"训练式"教学改革力度；实践教学突出对学生实际动手能力的训练，聘请法律实务部门专家对学生进行法律实务训练。学院还积极开展诸如法官论坛、律师论坛、法学沙龙等第二课堂活动，提高学生的学习兴趣和实际动手能力。

3. "情景式"教学方法改革

学院以培育学生职业技能为目标，重点打造"情景式"教学方法：以真实案件为背景，让学生在自身经历中学习，着重训练学生处理实际案件的能力，对学生进行系统的法律技能训练；依托模拟法庭推广"情景式"教学方法，以独立的法律问题作为项目，学生在教师的指导下自主处理，得出结论，掌握教学内容，提高法律实践能力。

4. 考试制度改革

学院在考试制度改革上也突出应用型人才培养和精致化的特点，细化考试目标，更新考试内容，丰富考试形式，增加实践环节和平时训练所占比例；主要考核学生对法律知识的应用能力，提高法律职业技能。

（二）教师队伍建设情况

学院通过与法律实务部门的共建合作，组建实践型专、兼职教师队伍，加强对专职教师的引进和培训，建立科学的教师激励机制，进一步提高法学专业实践教学能力，提高法学人才培养质量。

1. 专业带头人与骨干教师培养

大力引进高水平复合型专业带头人，重点引进有法学博士和高级职称的教师；加强对骨干教师培训，选派多名骨干教师访学和到实务部门挂职锻炼。

2. 打造高水平"双师型"教学团队

学院加强专业教师和司法实务机构人员的合作，专业教师参与法律实务工作，邀请法律实务部门具有丰富实践经验的专家到校上课，承担法学专业课程和实践课程教学任务。

（三）课程建设情况

学院按照"实际、实用、实践"和"必需、够用"的原则，坚持理论知识为职业技能服务，逐步建立与人才培养模式相适应的素质型、应用型和实践型课程体系。

（1）体现实务部门需求。从需求出发，本专业与法律实务部门联合安排专业方向课程，对实务部门特需的技能，根据要求在教学课程中进行专项训练。

（2）突出职业能力培养。课程设置方面重点突出对学生的职业技能训练，增大实践教学比例，培养学生解决实际问题能力和创新思维。

（3）强化人文素质养成。结合专业特点，合理设置人文素质课程，并贯穿于整个培养过程，提升学生的综合素养，增强其发展能力。

通过以上改革，专业将构建人文素质课程群、专业基础课程群、专业核心课程群和技能训练课程群等四大系统。

（四）实践教学

本专业重视学生实践能力培训，突出实践教学作用，通过校内外实践基地开展实践教学，特别是通过模拟法庭运行，提升学生法律职业技能和理论联系实际的能力；进一步加大投入，加强模拟法庭软硬件建设，按照最高法院《人民法院法庭建设标准》建设标准化法庭，以模拟法庭为依托，开展司法流程实训，模拟法律运行的全过程，提高学生对法律工作的整体认知以及对各种法律实务流程的实际操作能力。

（五）与法律实务部门开展合作共建

本专业围绕"面向社会、服务社会、引领社会"的理念，开展产学研合作机制建设，建立起政府、企事业单位、学校之间的联动机制。

1. 建立与法律实务部门深度合作机制

本专业先后建立 11 处校外学生实习实训基地，包括东莞市人民检察院、东莞市第一人民法院、东莞市第二人民法院等。一是和上述单位进行深度合作；二是合作进行法学研究和法律教学；三是合作培养卓越法律人才。

2. 建立科研服务教学的长效机制

一是强化科学研究意识；二是增强科研特色意识；三是突出服务地方意识，建立法律与社会治理研究中心，申报法律与社会治理研究中心和社会弱势群体权利保护、救济两个校级科研团队。

（六）教材建设

我们结合法学学术研究和教学研究积累，参与编写出版了《法学规划教材》，徐波教授和郑玉敏教授分别主编了《劳动与社会保障法学》和《合同法学》，郑玉敏教授还主编出版了《民法学》和《新编民法理论与实务》。

（七）应用型法律人才改革取得实质性突破

开办了卓越法律人才班和知识产权辅修专业。

四、专业发展的目标、任务及具体措施

（一）专业总体建设目标

我们以党的十八大和十八届三中、四中、五中、六中全会有关依法治国的纲领性文件为指导，通过教育教学改革，进一步提高我校法学专业教学质量，使我校法学专业办学特色更加鲜明；学生实践能力和创新精神显著增强，师资队伍整体素质稳步提高，形成规模、结构、质量、效益协调发展和可持续发展的法学人才培养机制；经过五年的建设，将我校法学专业建设成为"一流的地方高校，在全国同类院校中有重要影响"的、以"地方卓越法律人才"为鲜明特征的特色专业。要建设一支高水平、互聘式、实践型专兼职教师队伍，形成市场导向型产学研合作长效机制，建成规范化实用型法学实验实训基地，提高专门化、特色化社会法律服务能力，辐射带动相关专业群协同发展。要以开办卓越法律人才班和知识产权辅修专业为依托，以培养既有法学基础知识、又有技术理工类专业知识，同时具有较强创新、实践能力，综合素质全面的复合型法律人才为要求，将本专业建成"师资队伍结构合理，专业建设思路明确，课程体系和教学内容科学，教学方法与手段先进，基础与实践教学协调，创新人才培养理念深入，教学质量保障与管理监控体系完善"的省级特色专业，为同类型

高校法学专业建设和改革起到示范和带动作用。根据法学专业发展状况，在科学发展观的指导下，我们将围绕一个中心、突出两大特色、着重培养三种能力，重点加强卓越法律人才班和知识产权辅修专业法学特色专业建设，以行业为依托，充分发挥专业优势，强化校、政、企、研结合的办学特色，构建多层次、多类型、全方位的创新人才培养体系，为地方建设培养合格的法学人才。

1. 围绕一个中心

"围绕一个中心"，是指坚持以提高人才培养质量为中心，将其作为一切活动的出发点。我们通过对培养目标、课程设置、教学内容与方法、教材、培养方式、科研训练、社会实践改革与创新，提升教师队伍素质，改善办学条件，以进一步提高人才培养质量；采用应用型卓越法律人才精致化培养模式，培养具有发展潜质的能够在各级司法机关、法律服务机构从事行政执法、司法审判、法律服务的一线法务人员。

2. 突出两大特色

"突出两大特色"，是指突出服务地方特色和突出"校、政、企、研"结合的专业办学特色：突出服务地方特色，即针对本专业所在地方的需求特点，培养适应地方需要的法学人才；突出"校、政、企、研"结合的专业办学特色，即以政、企为依托，建立学校、政府管理部门、企事业单位和研究机构四方共建，坚持专业发展与政、企、研紧密相连，师资建设及学生培养与政府部门、企事业单位紧密合作，坚持理论教学与实践紧密结合、互为提升的特色办学模式。

3. 着重培养三种能力

"着重培养三种能力"，是指按照人才培养模式改革的需要，调整和修订专业培养计划，以科技创新活动为载体，以实践教学改革为依托，培养大学生创新能力和创新精神，使培养的学生专业知识扎实、知识结构合理、思想素质过硬，成为具有"创新能力、实践能力和就业能力"的高级应用型法律人才。

（二）长远建设目标：适时开办硕士研究生教育

经过 12 年的专业建设积累，结合我校学科建设及学校发展，我们将适时开办硕士研究生教育，基本途径包括：

（1）自行申报法律硕士招生资格：随着十八届四中全会提出的依法治国方略的实施，培育法律硕士的条件已经具备，我们将在专业建设积累有关成果、材料的基础上，适时申报法律硕士招生资格。

（2）在学校工程硕士下设置相关方向：学校已经获得工程硕士授权资格；在发展工程教育的过程中，适当考虑增加知识产权、建筑法律等专业，以提高工程硕士教育的涵盖范围，发展硕士层次的继续教育。

（3）申报和建设法学硕士点。

（三）需要支持的保障措施

1. 稳定提高每年度的招生数量

中国共产党第十八次全国代表大会对全面推进依法治国做出重大部署，强调把法治作为治国理政的基本方式；十八届四中全会首次以中央全会的形式专题研究部署全面推进依法治国这一基本治国方略。为保障依法治国方略的实施，全会明确要求创新法治人才培养机制，形成完善的中国特色社会主义法学理论体系、学科体系、课程体系，推动中国特色社会主义法治理论进教材、进课堂、进学生头脑，培养熟悉和坚持中国特色社会主义法治体系的法治人才及后备力量。为适应东莞全面推进依法治市和建设法治东莞的需要，我们应该逐步提高法学专业的招生数量，五年后达到每年招收300人左右、6个教学班级，其中包括一个卓越法律人才班，为社会培养更多、更优秀的高素质法律人才；继续加强知识产权辅修专业建设，探索文、理嫁接的应用型人才培养模式。

2. 引进和培养师资并举

我们将按照"相对稳定、专兼结合、资源共享、重在素质"的原则，探索和建立相对稳定的骨干层和出入有序的流动层相结合的教师队伍管理模式；建成一支专、兼职教师互补的教师队伍，采取引进与自身培养相结合的方式提高教师学历层次，造就高水平学术梯队；继续引进高学历和有专业特长的教师作为专业和学科带头人进行培养，争取有1名学科带头人成为国内同学科领域中有一定影响的专家、2~3名学术带头人成为省内有特色的专家、2~3名中青年骨干教师在省内同学科领域具有一定的知名度；鼓励教师攻读学位，注重发挥学校现有专业教师特别是具有硕士以上学位教师的潜能，使他们的科研、教研成果在法律教学中发挥重要作用。

要做到专职、兼职教师互补，造就一支理论与实务相结合的师资队伍。要在司法一线实践基地寻找有多年工作经验、有一定学历层次的人担任兼职教师。要求专职教师 100% 具有实践基地轮训或工作的经历，兼职教师 100% 接受正规教学方法的培训与督导。

3. 硬件设施水平有所提升

要完善模拟法庭功能建设，以便于教学科研及对外服务的开展。建设法律援助实训室 1 处，面积在 60 平方米以上，以便于学生法律援助实训以及实践的开展。增设法学图书资料室 1 处，便于资料积累和师生学习。增加会议室（兼接待室）1 间，便于教师开会和交流。

4. 加强对外交流与服务

要充分发挥现有法治与社会治理中心等机构的作用，鼓励教师与司法实务部门、企事业单位合作，开展横向课题研究。要立足服务地方，在对外服务领域充分与律师事务所等机构合作，增强创收能力，为专业发展提供资金支持。

第二章　精品资源共享课
合同法学建设成果总结①

合同法学课程是 2012 年立项的省级精品资源共享课建设项目，立项以来，课题组在师资队伍建设、教学资源建设、网站建设、教材建设以及教学方法改革方面进行了大量的建设工作，取得了一定的成绩。以下是该项目建设的成绩总结和后续建设规划。

一、项目的主要建设措施和已取得的主要成果

（一）项目建设措施

（1）加强了师资队伍建设。合同法学师资队伍建设成绩显著，目前主讲教师有 2 位教授、3 位副教授，2012 年至今课题组主持省级教改项目 4 项、发表教研论文 1 篇、出版教材 3 部。

（2）完善了课程体系和教学内容设置。完善了教学资源的建设，设置了实训环节，增加了司法考试资源。

（3）优化了网络教学环境建设。按照国家精品资源共享课标准建立了网站。

（4）更新了 PPT 课件、电子教案、自主测试题库、教学案例库等教学资源。

① 本文是郑玉敏主持的 2015 年度广东省高等教育教学改革项目（本科类）综合教改项目立项——面向卓越法律人才培养的民商事法课程群改革与建设（粤教高函〔2015〕173 号）的研究成果。

（5）编写出版了具有应用型本科特色的合同法学教材（见表2-1）。案例习题资源已经上网。

（6）改善了教学条件，推进了教学方式改革。全部课程在多媒体教室完成，全程用多媒体课件讲授课程内容，实现教学互动。

（7）全部合同法授课录像已经上传到网上。补充了司法考试资源，通过作业提交系统，开始教与学的互动。

（二）已经取得的主要建设成果

1. 师资队伍建设

师资队伍建设情况见表2-1所列。

表2-1　合同法学师资队伍一览表

姓　名	性　别	出生年	职　称	学科专业	学位	承担的工作
郑玉敏	女	1965	教　授	民商法学	博士	合同法学教学、精品课程建设与实施
韩中节	男	1974	副教授	民商法学	博士	合同法学、实践教学
景春兰	女	1969	副教授	民商法学	硕士	教学资源建设
强昌文	男	1965	教　授	民商法学	博士	负责合同法学教学
王敬华	女	1969	副教授	民商法学	硕士	合同法学教学，实践教学
蔡贵峰	男	1985	助　教	计算机	学士	实验室建设，合同法学网站建设

项目组教师近三年承担省级教改项目4项。其中郑玉敏主持3项，强昌文主持1项。

（1）郑玉敏主持，2015年度广东省高等教育教学改革项目（本科类）综合教改项目立项——面向卓越法律人才培养的民商事法课程群改革与建设，立项编号：粤教高函〔2015〕173号；

（2）郑玉敏主持，2014年度广东省教育教学成果奖培育项目——地方卓越法律人才培养机制创新的理论与实践，立项编号：粤教高函〔2015〕72号；

（3）郑玉敏主持，2014年广东省质量工程项目——卓越法学人才培养计划试点专业，立项编号：粤教高函〔2014〕97号；

（4）强昌文主持，2014 年广东省质量工程项目——法学专业综合改革，立项编号：粤教高函〔2014〕97 号。

发表教研论文 1 篇：景春兰《互动性教学法在合同法学教学中的运用》，《当代教育理论与实践》，2012 年第 4 期。

2. 教材建设

郑玉敏担任主编、韩中节担任副主编的《合同法学》是高校法学"十二五"规划教材，厦门大学出版社 2012 年 1 月出版，2014 年 1 月再版。

3. 教学资源建设

基本教学资源包括：（1）教学重点；（3）教学课件（PPT）；（4）电子教案；（5）课程录像；（6）参考教材和资料目录。

拓展资源包括：（1）案例库；（2）习题库（自主测试）；（3）司法考试资源；（4）合同范本；（5）实训资源；（6）书籍资源；（7）网上资源。

此外还提供和设计了在线交流、在线考试和在线提交作业系统。

4. 网站建设

根据《国家级精品资源共享课建设技术要求》（2012 年版）设计了标准的网站，包括基础资源和拓展资源，以上所有资源已经全部上网。

（三）项目超出预期取得的建设成果

1. 基本教学资源包括：（1）教学重点；（2）参考教材和资料目录。

2. 拓展资源包括：（1）自主测试；（2）司法考试资源；（3）合同范本；（4）书籍资源。

3. 独立设计的系统：（1）在线考试；（2）在线提交作业系统；（3）师生交流。

以上超出预期所取得的建设成果主要是基于以下考虑：

（1）法学学生司法考试的需要；

（2）培养学生理解和运用合同法知识解决实际问题能力的需要；

（3）给学生提供一个完整的自主学习平台的需要。

（四）成果自评

1. 师资队伍建设。团队知识结构、年龄结构、学缘结构合理。团队成员中包括专业教师和教育技术骨干，任务分工合理。团队成员承担与本课程相关的省部级教改项目 4 项。

2. 关于课程建设与实施。课程定位明确，体现现代教育思想，科学设计课程模块或教学单元，实现课内课外有机结合，灵活运用多种恰当的教学方法和教学手段。

3. 关于课程资源。教学资源丰富，有大纲、录像、课件、电子教案、重点难点提示和参考书目录，包括教学以及学生自主学习的大量的教学资源。教学资源与教学进度安排和教学模块对应。

4. 关于资源共享。已建设开放网络平台并开通较为畅通的共享渠道，课程网上共享已具有一定的点击量。

5. 教材建设。编写出版了高校法学"十二五"规划教材《合同法学》。

二、项目主要成果的应用、推广和共享情况

（一）合同法学建设情况

合同法学建设积累了丰富的经验，开发了大量的教学资源，请专业公司根据《国家级精品资源共享课建设技术要求》（2012 年版）设计了标准的网站。这些教学资源已经用于日常的教学，方便了学生的学习，促进了学习效果的提高。

1. 合同法学是法学专业的必修课，本课程提供的这些基本教学资源包括：

（1）教学重点；

（3）教学课件（PPT）；

（4）电子教案；

（5）课程录像；

（6）参考教材和资料目录等已经应用于该课程的日常及教学工作，学生可以在这里找到上课所需要的全部资料，方便学生提前预习和课后复习。

2. 合同法学也是全校的公选课，因此全校有选修该门课程意愿的学生，可以提前了解该门课程的特点和主要内容，在日常的上课学习中也可以通过这些资源进行课后的辅助学习和预习。

3. 合同法学成为法学专业学生最喜欢的专业课程，主要授课老师的学

生课堂评价排名在全院前列。

（二）合同法学网站开发了大量的拓展资源

合同法学的这些资源也方便了学生的司法考试需要。东莞理工学院法学专业司法考试近年通过率一直超过全国平均水平的三倍，该门课程所提供的教学资源起到一定的作用。

（三）合同法学网站给学生提供了自主学习平台

1. 通过作业提交系统，实现了网上布置作业和批改作业。
2. 通过师生交流和自主测试等给学生提供了自主学习的平台。
3. 提供了全部课程的授课录像，学生可以通过观看录像进行学习。

（四）合同法学网站为社会公众提供服务

合同法学所有的教学资源已经全部传到网上。该课程网站面向社会公众开放，所有对合同法学内容感兴趣的社会公众都可以通过该网站提供的内容和自主学习平台进行自主学习。由于网站的很多内容都贴近生活，社会公众可以在这里找到各种合同范本，因此本网站也可以为社会大众提供相应的服务。

（五）教材建设

合同法学课程教师总结教学经验编写出版的《合同法学》，是高校法学"十二五"规划教材，厦门大学出版社 2012 年 1 月出版，2014 年 1 月再版。该书已经被一些高校选为教学教材和学生参考教材。

三、项目的主要创新性及其对教学改革的促进作用

（一）项目的创新性

1. 课件、电子教案、全程视频录像的网上资源提供，以及在线交流和网上提交作业系统的设计，充分体现现代教学的便捷和高效。

2. 自主学习平台的提供，方便适应开放教育和辅助学习的需要，书籍资源以及自测系统的建设，鼓励学生进行探究性学习、研究性学习。

3. 网站资源建设注重基础性、系统性和针对性。既针对法学专业的特点、围绕司法考试建设课程资源；又照顾全校选修合同法课程学生的需要，注重基础资源建设；同时，又为社会公众提供了案例库、合同范本等资源，方便他们学习和了解合同法。（访问网址 http：//219.222.189.2/）

与同类课程比较，本课程在教学资源的系统性、针对性建设方面有实质创新，对于提高人才培养质量有一定的促进作用。（见材料2课程建设与实施、材料3课程资源）

（二）项目对教学改革的促进作用

1. 合同法学成为法学专业最受学生欢迎的课程，合同法也是全校学生选修最多的课程之一。

2. 由于本网站提供的资源可以满足学生准备合同法学部分司法考试的需要，因此在一定程度上可提高法学专业司法考试的通过率。

3. 对教学改革的促进作用。郑玉敏主持的 2015 年度广东省高等教育教学改革项目（本科类）综合教改项目立项——面向卓越法律人才培养的民商事法课程群改革与建设，就是在合同法学课程建设的基础上继续建设的课程群。

四、项目建设存在的问题、
后续建设设想及其应用推广计划

（一）项目存在的问题及其原因

项目存在的问题是没有充分利用现有网络资源和自主学习平台。原因是作业提交、自主测试与教师交流等新的教学方式及载体与传统的方式不同，教师存在使用这些方式的惰性。对策是鼓励教师多利用这些资源，培训学生使用这些资源与系统的能力，及时更新课程资源。

（二）本课程后续建设设想

1. 进一步加强课程教学团队的建设，形成一支结构合理、人员稳定、教学水平高、教学效果好的教师梯队，按一定的比例配备辅导教师和实验教师，特别要注意培养年轻教师。

2. 继续充实各种教学资源，包括案例资源、习题资源、司法考试资源。要利用好现有的教学资源服务于课堂教学和应用型人才培养，主要是利用好网上作业提交、在线测试、网上答疑等系统，进一步提高辅导、测试讨论等环节的效率，加强师生之间的沟通。

3. 训练学生利用好自主学习平台。本课程资源丰富，包括基本教学资源：课程介绍、教学大纲、教学日历、教案、参考资料目录和课程教学录像；扩展资源：案例库、习题库、合同法司法考试专区和合同范本专区等，学生可以充分利用这些资源进行自主学习。

4. 进一步丰富教学资源，包括基本教学资源和拓展资源。要保持对课程资源的持续更新，鼓励教师多利用这些资源，提高学生使用的能力。

5. 加大教材建设力度。根据授课经验和合同法的发展趋势，学院将尝试建设一体化设计、多种媒体有机结合的立体化教材。

6. 建立切实有效的激励和评价机制。要围绕着课程开展相关的教学改革课题和科研的工作，以课程的建设为标杆，推动青年教师的教学改革和研究工作。

（三）本项目后续应用推广计划

精品课程共享资源的应用更加重要，学院将通过精品课程教学资源网免费开放，充分利用各级精品课程，实现优质教育资源的共享，使更多的学生享受到优质教育，提高教学质量。

1. 加强精品课程的宣传和推广应用。要发动教师利用优质资源进行教学，让学生利用该资源进行自主学习。

2. 建立网上资源更新机制，提高资源更新率。

3. 建立立体化教学体系。学院将通过把共享资源建设与课程自身建设紧密结合，建立一个以共享、开放和立体化为特色，以校内外师生为共同服务对象的精品课程教学支撑与教学服务系统，以提高共享资源建设的质量与效益。

4. 加强教学改革与研究。精品课程建设应该与特色专业建设、教学团队建设相结合。

第三章　卓越法律人才培养

一、卓越法律人才培养实验班实施方案[①]

地方应用型高校主要承担着为地方培养应用型法律人才的任务。"卓越法律人才"顾名思义就是优秀的法律人才，而地方卓越法律人才除了具备一般卓越法律人才的基本特征外，还应该具备地方性的特征。所谓地方性就是符合地方经济和社会发展的需要。我国地域广阔，不同地区的经济和社会发展程度差别巨大。沿海和内地对法律人才的业务能力需求不完全相同，改革开放地区、经济发达地区、社会矛盾突出的地区、工业化程度较高地区、少数民族地区、讲方言地区以及地方习惯和民族习惯较多的地区，每个不同特点的地区都需要符合地方需求的卓越法律人才。

地方卓越法律人才的特征要求地方高校法学专业应面向社会、面向未来，体现应用、体现符合；突出法律职业法务能力训练，突出地方发展特色，探索出由地方高校协同地方司法部门共同培养应用型法律人才的新路径，这将是地方应用型高校法学教育的生存与发展之道。

卓越法律人才的卓越性需要精英教育模式。目前我国地方的高等教育逐渐走向大众化，但培养精英人才与地方法学教育大众化并不矛盾。法学院培养的人才要能够熟练掌握法律知识、具备处理各种社会和法律问题的能力。这本身就是社会需要的精英人才。但法律人才培养必须坚持以大众

---

① 本文是郑玉敏主持 2014 年广东省质量工程项目——卓越法学人才培养计划试点专业（粤教高函〔2014〕97 号）和 2014 年度广东省教育教学成果奖培育项目——地方卓越法律人才培养机制创新的理论与实践（粤教高函〔2015〕72 号）的研究成果。

教育为主、兼顾精英教育的理念。

地方高校法学专业改革可以以开办地方"卓越法律人才"实验班为契机，探索地方应用型法律人才的培养路径。卓越法律人才的培养过程应该注重以下几个方面：

第一，实行"高校—实务部门联合培养机制"。高校与实务部门共同确定培养目标，共同设计课程体系，共同开发优质教材，共同组织教学团队，共同建设实践基地。

第二，突出实践环节。实践课程不少于15%，开展分阶段实习，配备专职实习导师，对学生实习实行全程跟踪管理和监督。

第三，强化导师对实验班学生专业与人格的双重引导。学生在专业课老师的指导下进行专业知识学习，在实务部门导师的指导下进行法律职业训练。

第四，重视课程改革。学院针对培养应用型和复合型法律人才的要求，一方面尝试开设法律适用、法律推理、法律谈判、经典案例评析、庭审技巧、调解实务、文书写作、律师实务等技能型课程。另一方面，开设一些经管财经类课程，重视具有地方特色课程的开发，比如改革开放地区的课程设置应体现国际视野，培养的人才既熟悉基础知识，又懂得专业知识；既熟悉国内法律法规，又熟悉国际法律知识以及国际经贸、外语等方面的知识，以适应改革开放地区对涉外法律人才的需求。同时这些地区的地方高校应重视民商法课程的教学。

第五，加强"双师型"教师队伍建设。高校可以聘请实践经验丰富的法务人员为实践指导老师，安排相应的法律实务课程讲座；同时，也可以通过教师兼职、挂职等方式丰富其实践教学经验。

第六，改革教学评价与考核体系。考试内容以客观题、案例题为主，主要考核学生理解和运用法律、法规的能力，同时尽量与专业资格考试内容接轨，培养学生的职业能力。

二、地方卓越法律人才培养计划的制订

地方卓越法律人才教育培养计划试点拟解决的关键问题是探索职业化法律人才培养机制和模式，避免当前法学教育当中理论与实践脱节的现象。从法学教育的职业化特色出发，地方卓越法律人才教育培养计划试点课程设置注重与实务部门的对接，广泛听取实务部门的意见和建议，按照实务部门的需求来制定人才培养方案。针对当前高等教育大众化发展趋势，尝试探索精英人才教育。构建高校与法律实务部门的联合培养机制，打造"双师型"法学师资队伍，造就一批适应社会主义法治国家建设需要、服务地方经济建设的卓越法律职业人才。建设目标是按照国家"卓越法律人才教育培养计划"的要求，探索地方应用型大学培养地方应用型法律人才的机制，通过借鉴外部已有的培养模式和经验，利用法学专业良好的办学基础，改革和创新我院法律人才培养模式，加强专业的应用性、复合性、地方性、特色性建设，培育专业优势，提高人才培养质量，提升专业服务地方经济社会发展的贡献度，推进法学专业综合改革，培养适应地方需要的高素质应用型法律人才。

（一）明确地方卓越法律人才的知识、素质、能力结构

1. 素质要求
（1）政治素质；
（2）法律职业道德；
（3）法律思维方式；
（4）健康的身体与心理。

2. 知识结构要求
（1）外语、计算机知识；
（2）经济学、管理学知识；
（3）专业法学知识。

3. 专业能力要求
（1）理解和运用法律和法规的能力；
（2）诉讼业务能力；
（3）非诉讼业务能力。

（二）明确地方卓越法律人才的培养目标和培养标准

1. 培养目标
培养具有较高的人文科学素养、宽广的国际视野、良好的法律职业道

德，具备扎实系统的法学知识和较强的法律实务能力以及解决实际问题的能力，能适应地方经济社会发展和多样化法律职业要求的应用型、复合型法律人才。

2. 培养标准

卓越法律人才培养标准包括基础素养、专业素养和职业素养三方面。基础素养要求学生具有较高的人文和社会科学素养、现代社会信息处理和分析能力、较强的沟通和交流能力、探索精神和创新能力、较为宽广的国际视野和国际交流能力；专业素养要求学生具备扎实的法学知识和法律实务工作技能，较强的法律思维能力和法学研究能力以及创造性思维、批判性思维和独立判断的能力；职业素养要求学生具有正确的人生观、价值观、复合型知识结构和良好的法律职业道德。

（1）牢固树立社会主义法治理念，坚守法律职业道德和职业操守、热爱法律职业、正直善良、诚实守信、恪尽职守、认真履行职责、自觉维护宪法和法律的权威与尊严，具有强烈的社会正义感和责任感。

（2）掌握扎实丰富的法学理论知识和法律专业知识，具有深厚的法学素养和宽广的法律视野，养成独特的法律逻辑思维能力和判断能力。

（3）加强专业课程的交叉与融合，拓宽学生的知识领域，使其掌握必要的经济学、管理学及外语等方面的专业知识。

（4）引导学生深入社会、了解社会和正确地认识社会，为以后的法律从业工作积累必要的社会经验并培养良好的心理素质。

（5）强化法律实务技能培养，使学生具有较强的实践应用能力和创新能力，准确的语言表达能力和文字驾驭能力，能够熟练地运用专业知识和法律思维与方法分析、解决实际问题。

（6）根据法律职业的特殊要求，对学生进行有针对性的训练和培养，使其具备良好的法律职业道德操守和综合素质，能够出色地胜任法律工作。

3. 培养方式

（1）实行高校—实务部门联合培养机制。高校与实务部门共同确定培养目标，共同设计课程体系，共同开发优质教材，共同组织教学团队，共同建设实践基地。

（2）突出实践环节。实践课程不少于15%，开展分阶段实习，配备专职实习导师，对学生实习实行全程跟踪管理和监督。

（3）建立良好的学生自主学习支持系统。学院将通过师资保障和平台建设，为学生专业学习、专业实践和创新课题提供支持。

（4）实行双导师制。强化导师对实验班学生专业与人格的双重引导。学生在专业课老师的指导下进行专业知识学习，在实务部门导师的指导下进行法律职业训练。学院通过复合指导的模式，促进法学教育与法律职业的有效衔接。

（5）在课程体系和教育模式上，实行小班授课，尽量采用启发式、论辩式、案例式教学方法来启发同学的思维。

（6）教学过程中，卓越法律人才将试点"法律+经济"的复合型课程设计和人才培养。

（三）地方卓越法律人才培养计划的创新与改革

1. 创新培养过程

（1）高校—实务部门联合培养。

（2）积极推行"双证书"（学历文凭证书和司法资格证书）制度。

（3）增加实践教学，改善实践教学条件，创新实践教学模式。

（4）采用案例式和模拟式等多元化的教学方式，引导学生自主学习。

（5）通过"专、兼、聘"相结合的方法，建设"双师型"教学团队。

建立常态化、规范化的与法律实务部门人员互聘制度，继续积极聘请法律实务部门有较高理论水平和丰富实践经验的专家到我校任教，大力支持我校教师到法律实务部门挂职，使校内教师与兼职教师相互配合、相互促进，努力建设一支专兼结合的高水平法学师资队伍。

（6）瞄准专业发展前沿，面向东莞经济社会发展的需求，更新完善教学内容。

（7）双导师制联合指导，建立用人单位、教师、学生共同参与的评价机制。

（8）改革学习考核方式，突出考查学生分析问题和解决问题的能力。

2. 创新课程体系

地方卓越法律人才培养的课程应对应卓越法律人才的知识、素质、能力结构，课程设置应体现应用性、复合性和地方性特征。

（1）通识课应主要包括思想政治教育课、体育与健康课和语言与计算机知识课等，加强服务于地方卓越法律人才的基本素质的培养。

思想政治教育课包括：毛泽东思想和中国特色社会主义理论体系概论、当代西方哲学、形势与政策等。

体育与健康课包括：军训、体育、体育达标测试、心理学、就业指导等。

语言与计算机知识课包括：基础英语、英语口语、应用英语、实用英语写作、大学英语应用能力达标测试、大学计算机基础、多媒体技术与应用、信息资源检索、大学语文等。

（2）法学专业课包括学科基础课和专业课，专业课应主要考虑地方需要，强化专业方向特点。

学科基础课包括：法学专业导论、法理学、宪法学、中国法制史、刑法学、民法学、民事诉讼法、刑事诉讼法、行政法与行政诉讼法等。

专业课主要考虑地方法律人才需要，比如经济发达地区要加大经济类、改革开放类、知识产权保护和劳资纠纷解决方面的法律比重，一般主要包括：经济法学、商法学、国际法学、国际私法、国际经济法、知识产权法、劳动与社会保障法等。

（3）专业拓展课主要是体现复合型特点的课，如果是培养"法律+经济"人才，那么专业拓展课应主要包括：经济学原理、证券与投资、货币银行学、管理学原理、会计学原理、初级财务管理等。

（4）法律实务课应主要体现课程的应用性特点，包括以下几方面：

① 职业道德的司法礼仪、法律职业规范。

② 法律思维类的法律方法、法律论辩、法律文书写作、经典案例判解。

③ 诉讼业务类的证据法实务、审判与执行实务、检察实务、法庭审判模拟、律师事务。

④ 非诉讼业务类的公证实务、仲裁实务、调解实务。

⑤ 法律实务课部分以不同的实务岗位分类设置，学生可根据拟从事的岗位方向进行选修。

（5）综合实践课主要是综合训练和实训实习课程，主要服务于学生参加司法考试和熟悉岗位工作情况，包括综合应用课和综合实践课两部分。

综合应用课包括：司考技巧训练、法律经典阅读、岗位实践、毕业论文。这部分主要是课程的综合学习和训练。

综合实践课包括：岗位认知和毕业实习，通过分阶段实习培养学生的岗位工作能力。

地方卓越法律人才的培养是一个综合的系统工程，根据卓越法律人才的特点，应采用试验班的方式进行探索实验；地方卓越法律人才的课程设置应体现地方性、应用性和复合性特点；地方卓越法律人才的培养必须依托地方实务部门，实行高校与实务部门联合培养；地方卓越法律人才培养过程中的教材建设、教师队伍建设也非常重要。目前很多高校正在探索地方卓越法律人才培养的机制和特点，努力培养适应中国法制建设要求的地方卓越法律人才。

三、卓越法律人才的第二课堂建设①

随着我国高等教育由精英教育向大众化教育的不断推进，高等教育的质量问题逐渐成为社会公众关注的焦点。高等学校的根本任务是人才培养，如何提高人才培养质量是高等教育永恒的主题，人才培养质量同时也是关系高等学校生存和发展的重大问题。《国家中长期教育改革和发展规划纲要》（2010—2020）明确提出了建设有特色的高等学校、培养高素质拔尖创新人才的任务，同时指出："要提高学生的学习能力、实践能力、创新能力……开发活动课程，增强学生科学实验、生产实习和技能实训的成效。"我校作为一所地方高等院校，顺应教育部规划，逐步开展卓越人才培养，通过加大教育投入、改革现有课程体系、创新培养模式等手段，提高培养人才的综合素质，为实现整体跨越式发展奠定坚实的基础。法律与社会工作学院于2014年开办卓越法律人才班，以精英式小班教学为基

① 本文是由郑玉敏主持的2010年教育科学规划研究项目——法学专业实践教学体系构建及教学方法改革的研究与实践（2010TJK022），2014年度广东省教育教学成果奖培育项目——地方卓越法律人才培养机制创新的理论与实践（粤教高函〔2015〕72号）和2014年广东省质量工程项目——卓越法学人才培养计划试点专业（粤教高函〔2014〕97号）研究成果组成。

础，实行双导师制和复合型课程教学体系，摸索出一条卓越法律人才培养的新路径。

但是，单一的传统课堂教学体系并不能完全适应高校培养高素质拔尖创新人才的需要，在第一课堂之外，必须建立和加强第二课堂教学体系建设。在全国高等教育发展越来越快、竞争越来越激烈的背景下，第二课堂作为高校人才综合素质培养不可或缺的重要环节，其教学模式和教学内容的研究也成为各高校重点关注的内容。对于卓越法律人才培养来说，通过第一课堂教学和第二课堂建设相结合，建立和完善科学有效的第二课堂教育体系，对加强学生实践能力和创新能力的培养，进一步提高学生专业素质和综合素质尤为重要。在三年多的时间里，法律与社会工作学院根据第二课堂建设规律，遵循实效性原则，通过一系列完整的实践活动，初步建立起一套行之有效的第二课堂课程教育体系，取得了明显的成效。

（一）第二课堂人才培养体系建设应遵循的原则

1. 第二课堂基本内涵分析

"第二课堂"在教学中被广泛使用，但是迄今为止学术界尚未做出统一的概念界定。1983年，我国教育家朱九思等在《高等学校管理》中首次引出了"第二课堂"的概念，书中指出第二课堂是在教学计划之外的，引导和组织学生开展的各种有意义的健康课外活动，这个课堂的活动主要包括：政治性的、学术性的、知识性的、健身性的、娱乐性的、公益性的（或称服务性的）、有酬性的活动等。

人们通常认为，学生在学校期间呈现出三种状态：上课的状态、课外有组织的集体活动状态和课外的个体自由支配状态。第一种状态就是第一课堂，即学生在上课的状态下接受课程教育。第三种状态是在课外的个体自由支配的状态下，学生不自觉地接受校园文化环境的熏陶和浸染，属于一种隐性的生活教育。而第二课堂通常是指第二种状态：在课外的有组织的集体活动状态下，学生在学校的支持、教师的引导下，呈现出自主学习、自觉转化的面貌。相比于第一课堂，学校向后退一步由教育行为的管理者变身为学生活动的支持者，教师向后退一步由知识传授者变身为学生活动的引导者，学生则向前进一步成为活动的中心和主角。相比于第三种自由状态，学生并非不自觉地接受熏染，而是积极呈现自主面貌；老师也并非完全消极放任，而是有意识引导；在发生的时间段上，也并不完全是在业余时间进行。因此，第二课堂是介于第一课堂和自由状态之间的一种由教师和学生共同搭建构造的自主学习平台。

2. 第二课堂设置的必要性

在素质教育畅行、经济全球化发展的宏观背景下，社会对人才的需求也随之更加严格和苛刻，此时的第一课堂已经不能满足社会的实际需要和学生不断增长的知识和技能需求。高等学校作为人才培养的载体，主要是向社会提供人才产品，而人才素质则是产品质量的根本标准。人才素质在结构上可以分为专业素质和综合素质。专业素质是指学科专业知识与专业技能，传授专业知识与技能，进行知识储备，培养和提升学生的专业素质，是作为专门化阶段的大学教育最重要的工作任务，这一任务从传统上看主要是通过第一课堂完成的。但是，除专业素质之外，学生整体综合素质在以后进入社会后也十分重要。对于综合素质的培养，单纯依靠第一课堂是远远不够的，必须在保证第一课堂设置相应综合素质培养的课程和内容的基础上，通过第二课堂人才培养体系来培育和完善更扎实的专业素养、团队精神、实践创新能力及社会经验等综合素质。在保证第一课堂有效实施的情况下，第二课堂的优势日益彰显。

3. 第二课堂的价值和优势

第一课堂是传统上学生接受系统专业知识技能的基本途径，高校对第一课堂的重视体现在严格的教学计划和教学课程的设置、优质师资和物质保障等方面。对于第二课堂教育，虽然近年来引起研究和关注，也有普遍应用和实践，但是在很多方面无法和第一课堂的投入相提并论。然而对于学生综合素质的培养，第二课堂具有比第一课堂更独特明显的优势。所以，从价值论角度观察，高等学校第二课堂建设并不仅仅是第一课堂教育的陪衬，而应当具有和第一课堂同等重要的地位。

作为大学生第一课堂之外学习的自主平台，第二课堂在学习时间、学习方式、具体课程内容等方面都比第一课堂更加灵活自由。在一个环境、氛围都相对轻松开放的情况下，学生可以更加关注自我学习的兴趣和方向，设计更能体现个性发展的第二课堂，在和第一课堂课程相结合、共同平衡发展的背景下，更能实现综合素质的飞跃和提升。

（二）卓越法律人才班第二课堂体系梳理和总结

经过三年多的实践，卓越法律人才班在第二课堂建设体系中进行了很多新的尝试，在教师引导下，按照第二课堂组织的基本原则，以拓展专业素质、培养综合素质为目标，充分发挥学生学习的积极性和主动性，开展了一系列知识性、趣味性和创新性并重的活动，取得了良好的效果。

1. 法学专业素质的拓展

（1）法学经典读书报告会

为进一步提高学生阅读法律图书的热情，培养阅读兴趣，增加知识积累，使得学以致用，法学经典读书报告会就成为第二课堂建设体系中最重要的一个内容。但是，读书会的内容和形式对提高读书会的效果至关重要，考虑到学生不同阶段的需求，对于读书报告会的设置，也采取由浅入深的主题阅读路径，大致分为三个阶段。

第一阶段：在大学一年级，读书会的主要目的是培养学生对法学的初步认知，了解身边与法律有关的政治、社会、经济现象，同时通过经典读本感知法律科学。因此，这一阶段以教师荐书为主，学生通过提交读书报告、开展面对面读书交流的形式进行阅读和归纳。这一阶段全班性的大型读书会有政治性公报理解：学习十八届四中全会公报读书会，分为三个环节，首先是分享"十八届四中全会公报"心得，以小组为单位，各抒己见。学生分别从"违宪审查""终身负责制""完善职业准入制度"等方面展开讨论，从多方面剖析了其特点，并且提出如何实施的方法论。其次进行问答环节，学生以小组为单位，进行互相答辩，展示法律专业的思辨性。最后是图书推荐，学生相互分享自己喜欢的书籍。总之，法学作为社会科学中的重要学科，同政治密不可分，因此，在注重专业学习的同时，教师也适当引导学生关心国家重大法治建设事件。教师通过分别组织学生开展十八届四中全会和十八届五中全会有关法制建设内容的学习讨论，以加深对十八届五中全会精神的理解，就党的十八大精神发表演讲，引起一片学术讨论热潮，努力实现学校与社会走在一起，与时俱进、开拓创新。

第二阶段：在大学二年级，学生已通过一年的学习，对法学基本理论、中外法制史、宪法与宪政基本理论有了初步的了解和认识。在此基础上，教师引导学生阅读一些法学名著，有助于增进学生对课堂知识的理解，加深其对法学学科的认知。在这一阶段，学生基本要将著名法学专著书目熟记，并对其中部分内容进行深入的精读。同时，教师要求他们阅读后要提交读后感和阅读交流心得，在提交论文的同时开展 PPT 专题报告会，进行观点碰撞和交流。

第三阶段：在大学三年级，这一阶段比较注意培养学生自我发现好书的能力，以学生推荐、教师审定为主的方式开展读书会活动。这种方式可以增强学生阅读的主动性和积极性，也能增强读书报告会的趣味性。甚至有时候学生发现的一些书籍是老师没有阅读过的，能够真正实现教学相长。

综上所述，读书报告会和读后感论文集是拓展第一课堂专业知识的重要手段，开展这一活动，至少可以实现以下两个方面的效果：

首先，转变学生只看教科书、只从课堂上获取知识的思维模式。中学阶段，学生阅读面和阅读量只围绕教材和课堂，而到了大学之后，如果仅仅局限于教材和课堂，就远远无法满足社会的现实需要，也不可能成长为全方位的综合性人才。因此，教师通过读书报告会，转变学生只读教材课本的思维模式，将视野拓展到大量的课外经典阅读，在教科书和课堂之外获取更多、更全面的新知识。

其次，强化学生的表达能力和写作能力。在第一课堂上，学生通常是被动的听众，而在读书报告会上，学生则成为主角。学生不仅要面对老师和同学阐述自己读书的心得体会，还必须在交流会后提交一篇书面读后感。通过这种方式，学生可以进一步强化口头表达能力，同时可以提高写作水平。

（2）模拟法庭

模拟法庭一直被各法学院校广泛采用，是法律实践性教学的重要方式。模拟法庭通过案情分析、角色划分、法律文书准备、预演、正式开庭等环节模拟刑事、民事、行政审判及仲裁的过程。法学教育不仅是单纯的知识传授和学术培养，而且是一种职业训练。在第二课堂开展模拟法庭训练，一方面可以培养学生法律职业思维。学生在准备上庭前，必须多方查阅资料，利用所学专业知识，抽象出自己的法律观点，这是一个典型的法律思维形成过程。另一方面，模拟法庭离不开书面司法文书，学生通过撰写模拟法庭剧本（包括起诉状、答辩状、代理书、辩护词等），不仅可以进一步训练法律逻辑思维能力，也可以极大地提升司法文书的写作能力。此外，模拟法庭实战式的演绎，可以充分培养和锻炼学生的语言表达能力和法庭应变能力。模拟法庭的目的就是培养学生以后在真正法庭之上的辩论技巧。无论是传统的模拟法庭还是模拟法庭比赛，学生在"法庭"上针锋相对的辩论阶段都是模拟法庭活动的重头戏。庭审陈述、辩论、总结阶段都需要学生通过口头表达来传达己方观点。综上所述，模拟法庭的教学活动以近似真实的环境让学生将所学法律知识用于模拟审判中。一方面，在准备模拟法庭的全过程中，老师会指导学生如何从不同的角度（法官、律师、被告、原告、证人）换位思考问题；另一方面，在经历了完整的审判过程之后，学生通过亲身体验，对如何运用所学的法律知识解决实际问题有了初步的认知，达到学以致用的目的。

卓越法律人才教学模式中，模拟法庭略有改革。和传统模拟法庭不同的主要有两点：其一是按照诉讼类型的不同定期举办模拟法庭，分别开展刑事诉讼和民事诉讼模拟法庭，和实体法知识相结合，有助于学生理解不同诉讼类型之间的异同，以便更好地学习有关法学专业知识。其二是注重模拟法庭的对抗性。通过选定适用于法庭辩论的经典案例，编写扎实的模拟法庭剧本，将辩论赛与传统模拟法庭结合起来，使之产生更好的效果。由此，模拟法庭辩论赛融合了法庭辩论与普通辩论的特点，让辩论变得更有针对性、务实性，有利于引导广大同学关注现实社会的发展。同时，它还通过模拟庭审现场的形式，将法庭审判工作中纷繁复杂的细节与艰涩难懂的学问呈现在同学们的眼前，为同学们提供了一个直观的学习平台和学术交流的机会。可以说，开展模拟法庭辩论赛，不仅能够拉近学术与实务的距离，让学术更有利于指导实务，而且还可以增强同学们对于学术探讨和实务研究的兴趣，并提高其理论应用能力；同时，有助于巩固提升校园文化的育人水平，丰富师生的课余生活，提高学生的综合素质。

（3）开展专业知识竞赛

知识竞赛主要是指以知识问答、知识比拼为主要内容的活动。这种活动经过详细的方案策划，将本学期所学法学专业知识形成丰富的题库，将学生分成若干竞赛小组，展开竞赛活动，胜利者可以得到物质和精神双重奖励，有助于增强学生的学习兴趣和热情。经过几届知识竞赛实践，我们发现这种形式是最直接有效促进学生学习课本专业知识的第二课堂活动之一：激烈的对抗竞赛现场、活泼生动的选题和回答，不仅可以促进广大学生掌握法律专业知识、增强法制观念、提高法律素质，而且对学生随机应变的快速反应能力也有非常好的锻炼。通过阶段性开展学业知识竞赛，学生将上学期所学专业课知识通过这种方式进行复习，温故而知新。学习就是一个不断重复的过程，教师通过举行学业知识竞赛的方式督促大家回归课本，在遗忘曲线上稳步前行，可以极大地促进专业知识学习能力的提升。

同时，组织一次知识竞赛是一个相对复杂完整的过程，需要团体协作共同策划与组织，在准备的过程中，对于学生组织能力、策划能力、团队合作能力、创新能力、资料收集能力的锻炼也有很大的裨益。此外，知识竞赛特有的趣味性和激烈对抗性也有较强的可观赏性，举办一系列专业知识竞赛活动，不仅可以增加参与学生的专业知识储备，对于听众来说，也是一次学习法律知识的机会。不断开展的法学专业知识竞赛，通过不断的发展和完善以及大力的宣传，可以在学生中形成优良的口碑，促进良好学风的形成。

综上所述，在卓越法律人才培养过程中，教师通过定期组织专业知识竞赛活动，可以营造积极向上的校园文化，丰富同学们的课余生活，激发同学们对知识学习的热情，培养同学们的学习兴趣。

（4）新法律法规学习研讨会

法学本身是理论与实践相结合的一门社会科学，随着社会政治经济文化的不断发展，作为规则集合的法律条文也会随之不断补充、修改和变化，每一年都会有一些新的司法解释和修订的法律出台。为了更好地掌握法律发展的趋势和动向，在卓越法律人才培养课程体系中，我们重点在第二课堂上开展新法律法规学习研讨会，在专业老师的指导下，学生以自我学习并进行公开汇报的形式，对一些变化很大、社会影响广泛深刻的法律法规进行学习，取得了非常好的学习效果。2015 年 3 月 15 日，第十二届全国人民代表大会第三次会议通过修订后的立法法。这是立法法实施 15 年来首次修改，成为我国立法史上新的里程碑，也是迈向良法之治的里程碑。但是，由于原有的课程体系中并没有开设立法法这门课程，为顺应形势的发展，我们分别在第二课堂上邀请有关立法专家和立法实务工作者介绍中国立法的发展进程，通过系列报告会和学习研讨会的形式，要求学生分组对立法法的重要内容进行学习汇报，在汇报结束后邀请专业老师来进行指导与解惑，加深印象，学以致用。

2016 年最新发布的物权法司法解释共 22 条，包含六个方面的重要问题，明确了程序、实体方面的某些模糊规定，完善了我国关于物权法的相关制度性设计。这也是对物权法的一个非常重要的司法解释，由于颁布时，物权法这门课程已经学习完毕，因此我们特地在第二课堂上邀请物权法老师指导。首先，同学们以分工合作的形式轮流介绍新司法解释的内容以及亮点，然后物权法老师予以分别评议，在相互交流中解惑答疑。

（5）法制大讲堂

大学是人才的培养基地，讲座则是大学生活中浓墨重彩的一道风景。丰富多彩的讲座对于繁荣校园文化、活跃学术气氛、鼓励理论研究和学术创新等，能起到良好的促进作用。而对于人才培养和教育而言，在"通才教育"理念占据教育哲学主导地位的时代，讲座是其中不可忽视的培养和塑造手段。指导性讲座能给大学生以切实的人生指导，引导他们养成健康的生活方式。学术性讲座是大学生开阔知识视野、发掘学术兴趣和夯实学术功底的第二通道，并能广泛涉猎各个学科领域，这对于优化学生的知识结构、提升他们的综合素质具有不可替代的作用。

法制大讲堂也是卓越法律人才培养第二课堂体系建设中非常重要的一个环节。高质量、高水平的专业学术讲座会给学生带来和课堂教学完全不同的感受，因此，定期举办这类法制大讲堂，形成较为固定的制度化安排，已成为卓越法律人才培养中的亮点。为培养卓越班学生的学术素养，我们积极聘请知名专家学者和精英法官举办专业学术讲座，让学生面对面听取专家学者的学术成就，积极交流，拓展学生的学术研究视野。

（6）以法学故事和法学论文为核心的班级期刊

定期创办班刊是培育良好班风、促成班级文化形成的一种重要手段。班级文化是一种精神文化，它不仅包括学生的课外学习生活，更重要的是体现在无形的精神层面上的认识，包括班级管理思想、良好班风、严谨学风等。同时，班级文化作为一种教育文化，对学生的健康成长具有潜移默化的影响，对他们如何做人、做事、做学问起着"润物细无声"的作用。

良好的班级文化对学生的熏陶和感染，能唤起它们对美好事物的追求，无论是在发展学生素质，还是在塑造学生人文品格上都能起到催化剂、助推器的作用。苏霍姆林斯基曾说过："成功的教育应该使学生在没有意识到受教育的情况下却受到毕生难忘的教育，而这种潜移默化过程中受到的教育往往具有滴水穿石的作用。"所以在推进素质教育的今天，高扬起班级文化的风帆，可使教师的教育教学活动达到事半功倍的效果。

班级工作中，学生始终是主人。一切班级活动都是学生智慧的显现，是学生自己的事，教师所起的作用是启发和引导。创办班刊，就是要让学生自己动脑筋提出方案，进行讨论、论证、实践和总结，自己体验成功的喜悦或失败的苦涩；在班级工作中努力营造民主、平等、和谐的气氛，充分发挥学生的主体作用，来培养学生的独立精神，逐步形成学生自我教育、自我管理的能力。

创办班刊，一方面可以反映班级朝气蓬勃、奋发向上的精神，记录点点滴滴、甜酸苦辣的学校生活，让学生人人有机会展示自己的风采，为学生提供一个自我管理、自我教育、自我升华的发展空间；另一方面，作为卓越人才培养计划的一个重要部分，班刊不仅仅承担形成班级文化的责任，更重要的是与专业知识相结合，成为拓展专业视野、提高专业水平的重要载体。班刊在大一开始筹备，大二期间开始正式出版月刊。每一期组成不同同学参加的编辑团队，全班同学可以投稿参与。刊物内容以法学故事和法学学习感悟及小型法学学术论文为主，既有很强的知识性，也有很强的实用性；同时，通过精美的装帧设计和内容排版，不仅锻炼了同学们编辑组织能力，也极大地增强了刊物的趣味性和美观性。

（7）编纂学术论文集

卓越法律人才培养的核心目标和方向之一是培养专业知识精深的学术型人才，完成硕士阶段的学术训练。通过举办读书会、辩论赛、法学知识竞赛、模拟法庭以及出版班刊等活动，在第一课堂法学专业知识储备的基础上，老师对同学们提出具体的要求和指导，每学期至少提交两篇学术论文，日积月累，从中挑选质量较好的论文成果编纂成书，公开出版发行。教师通过学术论文集的形式对同学们的学习成果予以巩固，既可以增强学生的学习热情和动力，对于指导老师也是一个鼓励与促进。

（8）法院集中实习

利用寒暑假去法院等实习基地实习，是卓越法律人才培养实践课程体系中的重要一环。学生在大一学习阶段，教师组织集体参观东莞市第二人民法院，旁观民事案件庭审。活动目的：立足于实践，将课本中学到的知识与现实的司法状态紧紧地结合起来，实质意义上践行"读万卷书，走万里路"的箴言。学生在大二学习阶段，教师利用寒假时间，组织学生去东莞市第一人民法院进行为期一个月的岗位认知实习。通过集中实习，学生对基层法院运作有了初步认知，理论联系实际，从司法实践中理解所学的知识，对于掌握法学理论有很大帮助。

2. 综合素质的全面培养

除了和专业有关的第二课堂体系之外，在卓越法律人才培养的过程中，我们还设计了一整套相关的活动来促进学生综合素质的提升。

（1）辩论赛

辩论赛是法科学生传统的一项第二课堂活动，有利于逻辑思维能力的培养和流利语言表达能力的锻炼。尤其是以法学相关课题为题目的辩论赛，更能起到将理论与实践结合起来的作用。同时，现在辩论赛的形式都是团体活动，在这个过程中，也可以充分锻炼学生的团队合作能力。

因此，卓越法律人才从建班开始，每学期都要开展一次班级辩论赛，辩论赛分为初赛和决赛，要求全班同学都要参与。辩论赛从准备到初赛再到决赛，通常历时一个月，在这样有目标、高强度的对抗性活动中，学生不仅有理性辩论和辩证思考能力的提升，更有团队合作沟通能力的形成和培养。

（2）不同专业之间的联谊会

2014年12月9日，法学卓越班响应"团日活动"的号召，与文学院人文科学实验班开展了学术交流会。这种交流会旨在互相了解不同专业的卓越人才培养之间的共同之处。在两个专业老师都参与的情况下，通过专业介绍、课程内容设置、日常活动管理、学习纪律要求等方面的沟通和交流，学生可以相互取长补短，增加不同专业之间的理解和沟通，对提升同学情谊、拓展知识面都有很好的效果。

（3）师生徒步活动

强壮的身体是学习和生活的基础。为了提高学生的身体素质、引起学生对健康锻炼的重视，老师组织学生开展徒步活动。老师和学生一起参加运动，在这个过程中交流学习和生活，有利于师生之间的相互了解，增进师生的感情。

（4）女生节、光棍节和特产大会等课外生活

这是比较有学生特色的班级内部活动。这类活动完全由学生自我组织、自发开展。虽然从表面上看和专业知识无关，但这类课外活动是第二课堂建设中不可或缺的一个组成部分，也是学生在相对枯燥理性的专业学习之外能够获得较多乐趣的活动。同时，通过这种类型的活动，同学之间的感情在无形中得到加深，对于群策群力、共同提高，促成一个积极乐观、团结向上的班集体有潜移默化的影响。

（三）第二课堂体系建设中的问题与对策

综上所述，卓越法律人才培养课程体系中关于第二课堂的建设已经取得了有效的成果、积累了一定的经验，但高校第二课堂建设仍面临很多观念和物质保障等问题。

1. 面临的问题

长期以来，由于观念落后，许多高校对于第二课堂的价值特点认识不足，使得第二课堂的育人功能未能完美发挥。主要表现有：一是部分高校未能从人才培养的全局出发，着眼于人才素质的全面性和优质性来认识第二课堂的价值，其工作只以完成最基本的第一课堂专业课程教学为目标，对于锦上添花的第二课堂的素质培养则缺少追求的动力和理想。二是在高校工作的全局中第二课堂边缘化严重，处于弱势的地位。许多高校在校园规划教学设施等硬件建设和使用中更多关注的是第一课堂教学的需要，在经费的投入、人员的配备、设施的完善、政策的制定等方面，第二课堂都处于弱势地位；加之部分高校办学条件有限，生均教育资源不足，在第二课堂不能与第一课堂争抢的客观形势下，第二课堂就成为可做可不做的良心活，处于实际上的被边缘化的境地。三是个别高校由于不重视第二课堂而走向了另一个极端，对第二课堂的某些项目干预过多、管理过紧，限制了学生的自由发挥。总之，由于上述主观与客观的因素，许多高校对第二课堂缺少正确的设计与必要的经营，针对第二课堂的教育理念与体系建设的研究与实践也十分薄弱，使第二课堂实际上处于缺乏理性的低效状态。

2. 对策：第二课堂体系的科学设计与运行

设计和经营第二课堂的想法是基于其现状而形成的，但是对于第二

课堂的设计和经营，必须恰当地处理好第一、第二两个课堂的关系，必须在第二课堂的管与放之间寻找到一个合适的平衡点。设计和经营第二课堂，既不是把第一课堂教学延长，更不是对其放任不管，而是在充分尊重其特点和规律的前提下，使之能够规范、"理性"、有效地运行。设计第二课堂的理念是素质育化，经营第二课堂的目标是建立起与第一课堂的课程教学体系相匹配的素质育化体系。第二课堂教学顺利实施的措施如下：

（1）制定规划，统筹安排两个课堂时间

面对学生的课业负担增大，无暇顾及第二课堂活动这一现状，首先我们要让学生明白第二课堂的重要性，学校相关部门要加大宣传力度，使学生能够真正认识它、肯定它，这样实施起来才有意义和价值。之后，学生会根据自身的情况有针对性地选择相关社团活动，使自己的时间得到充分利用。院系在安排第一课堂课程时，为避免给学生造成超乎年龄的负担，要坚持量度适中原则，并且使第二课堂内容能够有效地和第一课堂衔接起来，学生在新情境中不仅能学到新知识，而且还能够巩固第一课堂的专业知识，同时防止两个课堂的时间冲突。

（2）选择合理的教学方式

第二课堂较第一课堂具有灵活、易组织的优势，可以选择合理多样的教学方式。传统的课堂教学模式虽有利于发挥集体教育的作用，发挥教师的主导作用，但是并不利于学生主体性的发挥。实际上，学生在整个教学活动中是处于主体地位，学生是具有自觉能动性的发展中的人，所以教学方式的选择必须符合学生的身心发展需要。根据活动任务的性质、学生的兴趣爱好以及活动的目的等，教师可以随着情境的变化选择合理的教学模式，比如自主学习模式、情境教学模式、活动课程教学模式等。

（3）加强教师队伍建设

教师不仅要有坚实的专业知识，还要有广博的知识和深厚的文化修养。教师的专业素质能够使学生在活动中学到系统而富有逻辑性的知识，防止知识的碎片化和零散化，进一步提高学生的专业技能和实践能力。由于学生具有向师性，教师的一言一行都会对学生产生潜移默化的影响，所以教师必须具备广博的知识和深厚的文化修养，在无形中将隐性的知识传递给学生，也是实现赫尔巴特"教育的教育性"的体现。

（4）制定严格的规章制度

正所谓"无规矩不成方圆"，为了保障学生能够正常有序地参加第二课堂活动，院系要积极制定《第二课堂规章制度》，明确规定活动的必要性和强制性。采取定性和定量相结合的评价方法，对于无故旷课者必须予以惩罚，取消评优、评奖资格；同时，对表现好的同学进行奖励，以起到示范的作用。奖励通过两个方面进行：一方面是精神层次上的奖励，另一方面则要落实到物质层次上。只有将精神和物质融合起来，才能真正激发学生参与的热情和信心。

第四章　应用型理工科大学知识产权人才培养路径研究[①]

一、大力培养具有高素质理工科背景知识产权人才的必要性

（一）社会急需理工科背景的知识产权人才

知识经济的大背景下，知识产权的重要性日益突出，当前，社会急需大量具有理工科背景的知识产权应用型法律人才。

"当今世界，随着知识经济和经济全球化深入发展，知识产权日益成为国家发展的战略性资源和国际竞争力的核心要素，成为建设创新型国家的重要支撑和掌握发展主动权的关键。"（引自《国家知识产权战略纲要的通知》国发〔2008〕18 号）以美国为代表的科技发达国家始终以创新为主要动力，推动其经济的高速发展，并充分利用知识产权制度维护其竞争优势；发展中国家积极采取适应国情的知识产权政策措施，促进自身发展。可以说，世界各国间的经济竞争其实质是科学技术的竞争，而科技竞

① 龚红兵：东莞理工学院法律与社会工作学院（知识产权学院）副教授，博洛尼亚大学法与经济学博士。本文是下列基金、教研教改项目的阶段性成果：广东省教育科学"十一五"规划研究项目："高等学校法学专业'知识产权法'课程双语教学的理论与实践研究"（2010tjk023）；省级教研教改项目："应用型本科院校'知识产权法'课程案例化、网络化和双语化教学平台建设的研究与实践""应用型理工科院校培养知识产权法律实务人才模式的研究与实践"；2016 年知识产权工作专项（省知识产权局软科学项目）"当前国际知识产权的新发展对广东省民营企业实施'走出去'战略的影响研究"。

争的法律表现形式就是体现在以专利为代表的知识产权竞争上。正因为如此，在 2008 年我国颁布了知识产权战略，明确提出了我国知识产权发展的战略目标和具体的步骤，指出要"加强知识产权人才队伍建设""大规模培养各级各类知识产权专业人才，重点培养企业急需的知识产权管理和中介服务人才"①。而在企业急需的知识产权管理和中介服务人才中，企业则更需要懂技术、精于专利检索、专利布局和专利代理等具有理工科背景的专利人才。

因此，在知识经济的大背景下，知识产权的重要性日益突出，而对于企业来说，应用型理工科大学应大力培养适应社会和企业需要的大量具有理工科背景的知识产权应用型法律人才。

（二）科技创新需要大量具有理工科背景的知识产权人才

当前，全球新一轮科技革命和产业变革蓄势待发，我国经济发展进入新常态，传统发展动力不断减弱，粗放型增长方式难以为继。在这样的背景下，党的十八大提出实施创新驱动发展战略，强调科技创新是提高社会生产力和综合国力的战略支撑，必须摆在国家发展全局的核心位置。这是中央在新的发展阶段确立的立足全局、面向全球、聚焦关键、带动整体的国家重大发展战略。"加快实施国家创新驱动战略，必须实行严格的知识产权保护制度。"②

企业是科技创新的主体。在企业的科技创新中，企业不仅需要大量的具有理工科背景的技术研发人员，更需要大量的具有理工科背景的知识产权技术管理人才。而只有这样，企业才能在科技创新中，不断对其相关技术开展以专利为主的法律保护，不断提高企业创造、运用、管理和保护其知识产权的能力。李克强总理强调："保护知识产权就是保护创新，知识产权制度可以使科学技术有更加旺盛的生命力。"因此，在我国经济新常态下，我国经济发展方式加快转变，创新引领发展的趋势更加明显，知识产权制度激励创新的基本保障作用更加突出。为了深入实施创新驱动发展

---

① 《国务院关于印发国家知识产权战略纲要的通知》（国发〔2008〕18 号）［EB/OL］.（2008-06-10）http：//www.gov.cn/zwgk/2008-06/10/content_ 1012269. htm.

② 中共中央 国务院关于深化体制机制改革加快实施创新驱动发展战略的若干意见［EB/OL］.（2015-03-23）http：//www.gov.cn/xinwen/2015-03/23/content_ 2837629. htm

战略，深化知识产权领域改革，加快知识产权强国建设，我国又颁布了《国务院关于新形势下加快知识产权强国建设的若干意见》（国发〔2015〕71 号）①。该意见再一次明确了加强知识产权专业人才队伍建设的具体措施，即加强知识产权相关学科建设，完善产学研联合培养模式，在管理学和经济学中增设知识产权专业，加强知识产权专业学位教育，加大对各类创新人才的知识产权培训力度，等等。

故在创新驱动发展战略的引导下，在国家实施知识产权强国的战略下，企业是自主创新的主体，在知识产权的创造、运用、管理和保护过程中，企业急需具有理工科和知识产权法律背景的复合型法律人才。

（三）大力培养具有理工科背景的知识产权人才

2015 年 5 月 19 日，国务院转发了四部委院制定的《中国制造 2025》的规划，提出了到 2050 年前将我国建设成制造强国的远景规划，这是在新常态下稳增长调结构的重大战略举措，具有重大现实意义和战略意义。"没有强大的创新能力和知识产权实力，就没有强大的制造业，更没有国家和民族的强盛。创造并运用好知识产权，打造具有国际竞争力的制造业，是我国提升综合国力、建设世界强国的必由之路。"② 同样道理，"加强知识产权创造和运用，是制造业发展的重要资源和竞争力的核心要素"③。

因此，"制造强国必然是知识产权强国"，大力培养具有理工科背景的知识产权法律人才，不断提高企业的知识产权创造、运用、管理和保护水平，是制造业发展的重要资源和竞争力的核心要素。

故在实施《中国制造 2025》过程中，应用型理工科大学必须大力培养具有理工科背景的知识产权人才。

---

① 《国务院关于新形势下加快知识产权强国建设的若干意见》（国发〔2015〕71 号）［EB/OL］．（2015-12-22）．http：//www.gov.cn/zhengce/content/2015-12/22/content_ 10468. htm.

② 赵建国．依托知识产权　铸就制造强国［N/OL］．知识产权报，（2015-05-29）．http：//www.sipo.gov.cn/mtjj/2015/201505/t20150529_ 1124344. html.

③ 同②

（四）培养高素质的知识产权人才，是高水平理工科大学建设的主要指标

培养高素质的理工科背景的知识产权人才，使理工科学生具有较高的科技创新意识和知识产权保护意识，是高水平理工科大学建设的一个主要指标。

在我国实施国家创新发展战略、积极推进《中国制造2025》规划和建设世界科技强国等重大战略部署下，作为培养科技创新人才的主力军，高水平理工科大学的作用与价值进一步凸显。2015年8月，中央深改组第十五次会议通过的《统筹推进世界一流大学和一流学科建设总体方案》提出，要"以中国特色为统领，以支撑创新驱动发展战略、服务经济社会为导向，推动一批高水平大学和学科进入世界一流行列或前列，提升我国高等教育综合实力和国际竞争力，培养一流人才，产出一流成果"①。建设高水平理工科大学，其目的就是充分利用理工科大学的学科专业优势，抢占知识生产和科技创新的制高点，发挥理工科大学对于经济社会发展的"服务站""孵化器""加速器"等综合功能，通过创新要素聚集和创新资源优化，在科学研究尤其是应用研究、技术开发直到成果转移、扩散与产业化等全部过程中取得经济与社会效益，形成创新文化，从而掌握知识生产、技术研发的话语权和主动权，打破当前现实存在的自有知识产权不足和核心关键技术缺乏的瓶颈②。

可以预见，在国家及区域创新体系建设中，高水平理工科大学的科技创新服务、创新创业型人才培养与输出已经成为推进经济中高速增长、产业中高端发展、真正迈向自主创新之路的重要战略举措。而大力培养具有较高的科技创新意识和知识产权保护意识的理工科背景的知识产权人才，应是高水平理工科大学建设的一个主要指标。

---

① 《国务院关于印发统筹推进世界一流大学和一流学科建设总体方案的通知》（国发〔2015〕64号）［EB/OL］.（2015-11-05）. http://www.gov.cn/zhengce/content/2015-11/05/content_10269.htm.

② 成洪波. 高水平理工科大学：背景需求、功能定位与建设路径——基于东莞理工学院的实践探索［J］. 高等工程教育研究，2016，（5）.

二、应用型大学培养知识产权人才的现状与存在的问题

当前，我国知识产权人才培养的主要问题不是数量问题，而是结构不合理。我国经济社会发展迫切需要大量的以理工科为专业背景的应用型、复合型知识产权人才，而我国绝大多数企业存在此类知识产权人才严重不足的突出问题。也就是说，目前"知识产权教育和人才培养"的状况不理想，不能满足社会的需求，主要表现在以下几方面：

（一）以理工科为专业背景的应用型、复合型知识产权人才数量匮乏

目前，国内各大学大多培养没有理工科背景的知识产权法律人才的现状需要进行改革。在我国实施国家创新发展战略与知识产权强国战略，积极推进《中国制造 2025》规划、建设世界科技强国等重大战略部署下，社会和企业对高水平理工科背景的知识产权人才培养和科技创新服务提出迫切的需求。

以东莞市为例，课题组从实际调研的数据上分析，截至 2013 年 4 月，东莞市共引进和培育 33 家专利代理机构，500 多名专利代理从业人员，其中有 88 名专利代理人。但是，与 2012 年东莞市年专利申请量和授权量的海量数据相比①，东莞市的企业和社会对专利代理行业高素质人才和高水平服务的需求量越来越大，即 2012 年东莞市年专利申请量和授权量分别达到 2.9199 万件和 2.0900 万件，按照 88 名专利代理人来计算，其平均专利代理量是巨大的。东莞继续位于广东省前三位，全年有 964 家企业实现了专利申请零的突破。

同样，广东的知识产权服务能力和人才队伍，与快速发展的知识产权事业的形势相比较，还有较大差距。如在专利代理能力方面，截至 2012 年

① 2012 年东莞市年专利申请量和授权量分别达到 2.9199 万件和 2.0900 万件，继续位于广东省前三位，全年有 964 家企业实现了专利申请零突破。http：//www.cipnews.com.cn/showArticle.asp? Articleid=27318

年底，全省执业专利代理人不足 900 人，而同年广东省提交专利申请量突破 22 万件，企业和社会对专利代理行业高质量人才和高水平服务的需求量越来越大①。

（二）应用型知识产权人才的知识结构有待进一步优化

目前，我国知识产权人才的社会需求要富集于企业，而企业对于知识产权人才的专业要求不仅仅是法律，可能更多的是知识产权管理和知识产权经营。可以说，知识产权保护仅仅是一种消极的管理与经营，而知识产权经营才是积极的保护和积极的管理。但是，现在各高校培养的知识产权人才都是依托法学学科，以学法律为主，兼学知识产权，学生缺乏理工科的知识背景和管理学的知识背景。既懂法律、又精通理工科专业知识的专利代理和管理等服务性人才匮乏。在现实中的知识产权领域，企业急需懂技术、懂经营、有知识产权法学知识的复合型人才。

（三）师资力量有待于进一步增强，课程内容有待于拓展和丰富

经过近 20 年的积累，国内高校虽然聚集了一批知识产权专业教师，但从总体上看，无论是教师的数量还是素质都很难满足知识产权人才培养的需要。据统计，目前建立了知识产权学院的十多所高校的知识产权专业教师总数不足 500 人，其中受过系统知识产权教育或有海外知识产权学习经历的教师非常少。退一步说，在这些本土的知识产权教师中，具有合理的专业背景、较高的理论研究能力和丰富实践经验的教师更是少之又少②。

（四）知识产权教师大都缺乏知识产权实务经验

知识产权工作的特点决定了知识产权人才更多的是复合型实务人才，而目前我国高校的知识产权课程大多数为教授法律的教师授课，缺乏跨学科的师资队伍，且大多数高校知识产权教师缺乏专利、商标等知识产权实

---

① 顾奇志. 广东 励精图治 谱写强省建设新篇章［EB/OL］.（2013-03-11）. http：//www. cipnews. com. cn/showArticle. asp？Articleid＝26593.

② 李玉光. 知识产权事业发展有赖坚实的人才根基［EB/OL］.［2014-04-28］. http：//www. cipnews. com. cn/showArticle. asp？Articleid＝26612.

务经验。

第一，在目前我国高校教师培养体制下，有实务能力的人才很难成为高等院校的专职教师。所以，大量高等院校无法开设社会需要的知识产权实务技能课程，只能开设一些便于教授的知识产权理论知识课程；同时，知识产权师资严重不足，一些偏远地区的高校特别缺乏知识产权教师，很难担负起知识产权人才培养的责任。只具有某一专业知识的教师往往缺乏知识产权教育的经验，知识产权教育是一个多学科的教育，因此，必须组织多学科教师来从事知识产权教育；另外，从事知识产权教育的教师急需获得国外进修的机会。知识产权是一门国际性学科，其教学必须随时根据国际知识产权保护的动态予以更新，这就需要为广大教师提供一定的国外进修机会，以便掌握最新的学科前沿知识。

第二，知识产权教学在科目设置上存在一定的不合理性。社会需要的知识产权人才应具有法学、管理学、工学、语言学等多学科知识，而我国高校长期以来都是通过法学、管理学等相关专业来培养知识产权人才，在教学科目设置上偏重于法学、管理学等知识，知识产权课目设置过少，相关学科知识教授不足。而从知识结构上来看，法学专业的学生往往欠缺科技学、管理学等方面的知识，很难从事专利代理工作。这些知识产权理论知识课程的内容设置、教材使用和教学方法等方面也存在有较多的问题，不适用于实务性专利代理人才的培养。

第三，知识产权教育偏重于理论知识而忽视了知识的应用。许多高校在教学中主要向学生传授知识产权法律知识而很少介绍专利申请、专利审查、商标注册申请方面的实践知识，削弱了知识产权教学的效果。

（五）知识产权教材涉及的实务性内容不足

我国现有的高校知识产权教材主要以知识产权法等法学范畴教材为主，理论知识丰富，但实务操作不足。

目前，我国高校知识产权人才培养模式主要是依托法学院，其教材主要以《知识产权法》等法学范畴教材为主，例如笔者长期教授"知识产权法"，选用的教材是华东政法大学王迁教授的《知识产权法》（第5版）（2016年），该教材在国内知识产权教材中，以其"体系完整、结构紧密，文字简洁、表达有力，注重基础、把握前沿，立足国内、放眼国际"而被学者称为"理论与实务完美融合的典范"①。但是，这本教材也存在着不足：其一，该教材理论方面的研讨过多，而对专利检索知识、专利信息分析工具的介绍较少；其二，知识产权的体系不全。大体上，学界将知识产权划分为：著作权、专利权、商标权和商业秘密权。而该教材对著作权部分讲述过细，对专利和商标讲述恰当，而对商业秘密的保护，则一字不提，这可能是该书最大的缺陷。

因此，理工科院校在培养具有理工科背景的知识产权人才过程中，一定要克服当今知识产权法学类教材的局限性，教材应着重突出专利检索、专利信息分析和实务操作的内容，以满足理工科背景的知识产权人才的培养需要。

三、培养理工科知识产权人才的主要方式

知识产权人才是知识产权强国建设的重要资源，是知识产权强国建设的智力支持和基础保障。近年来，伴随着我国知识产权事业的不断发展壮大，各类知识产权人才的需求都有所上升，其中又以企业知识产权人才，以及知识产权服务机构的人才需求最为突出。

企业需要的知识产权人才，主要分布在专利等知识产权管理岗位上，而且企业知识产权管理工作带有很强的综合性，因此企业大量需要的知识产权人才是具有技术、法律、管理等知识背景的、综合性的实务型知识产权经营管理人才。由于当前企业对知识产权人才的需求主要还是定位于本科层次，因此，应用型理工科大学通过开展知识产权第二学位教育，可以使第一专业是理工科的学生掌握较为全面的知识产权理论和实务。

目前，知识产权双学位教育已经成为高校特别是理工科院校培养应用

---

① 祝建军. 理论与实务完美融合的典范——评王迁著《知识产权法教程》（第四版）［J］. 暨南学报（哲学社会科学版），2015，（1）.

型理工科背景知识产权人才的主要方式。如华南理工大学①、南京工业大学②、北京大学③、重庆邮电大学④、同济大学⑤。在理工科高校中，通常以理工科学生辅修法学（知识产权方向）为主。在论述知识产权双学位的专业培养要求和目标上，北京大学法学院的法学（知识产权方向）双学位的专业教学计划做了很好的阐述。

知识产权专业属于多重交叉学科，各行业、各领域都需要知识产权人才，在大学本科生中进行知识产权双学位教育可以达到两种人才培养效果：一是使学生今后在从事科学研究、经济管理、文化传播、国际交流、政府公务中都可以将知识产权知识融入其中，在不同领域内体现出国家知识产权战略的应用；二是为知识产权专门人才的培养进行人才储备，学生在获得法学（知识产权方向）双学士学位后，可以继续攻读硕士研究生及博士研究生。

"法学（知识产权方向）"双学士学位培养计划是一种实用、高效的知识产权人才培养途径。它可以弥补现有知识产权人才培养模式的不足（如时间长、集中在硕士和博士学位、其他专业知识和知识产权法律知识难以有效结合等），是现有知识产权人才培养模式（包括知识产权法学博士、法学硕士、法律硕士、在职法律硕士等）的有效补充，可望向社会及时输出既具各种专业技术知识，又具知识产权法律知识和实践技能的优秀知识产权人才，从而更好地服务于社会，解决目前国内各个领域内知识产权普及型人才的需求⑥。

东莞理工学院作为一所应用型理工科大学，在2014年也面向全校理科生开设法学（知识产权方向）双学位，其招生目的为：

---

① 华南理工大学 2014 知识产权辅修、双专、双学位培养计划［EB/OL］. http：//202.38.194.100/fxy/syxwtp/18hm38pbsqcsg.xhtml.

② 江苏省知识产权局关于南京理工大学知识产权专业第二学士学位招生的通知［EB/OL］.（2008-10-26）. http：//www.jsip.gov.cn/zwgk/tzgg/200810/20081026_ 39544.html.

③ 北京大学法学院. 北京大学法学院知识产权双学位专业教学计划［EB/OL］.（2010-05-07）. www.iplaw.pku.edu.cn.

④ 朱涛. 理工院校知识产权（法）专业课程体系设置探究——以重庆邮电大学为例［EB/OL］.（2013-04-02）. http：//www.cnki.com.cn/Article/CJFDTotal-LZJY201304026.htm

⑤ 同济大学法学辅修专业（知识产权方向）教学计划［EB/OL］. http：//www.doc88.com/p-650530331167.html.

⑥ 同4。

为深入实施创新驱动发展战略和国家知识产权战略，进一步加强知识产权运用和保护，助力创新创业，在我校建设高水平理工科大学的背景下，政法学院面向全校学生继续招收法学（知识产权方向）双学位。

作为全国知名的制造业大市，东莞的制造业仍处于"加工制造"环节，关键和核心的技术及部件依赖进口，产业核心技术竞争力薄弱。因此，在东莞市企业技术转型升级过程中，企业和社会迫切需要大量的具有理工科知识背景、掌握知识产权法律知识的应用型、复合型法律人才。为了满足东莞及珠三角地区制造业科技创新过程中，对具有知识产权知识背景的创新型人才的迫切需求，促进本科生就业和发展，政法学院面向全校非法学专业的学生继续开设法学（知识产权）辅修专业。

非法学专业（特别是具有理工科专业背景）的学生在完成主修专业学习任务的同时，通过学习法学（知识产权方向）专业的课程，从而使自己成为具有多学科背景、知识产权法律基础扎实、实用性强、应用能力突出的高层次复合型知识产权专门人才，拓展了本科生就业的途径。

截至 2017 年 3 月，东莞理工学院政法学院不断更新教育观念，面向全校理工科学生开设法学（知识产权）辅修专业和第二学位，大力培养以理工科为背景的知识产权应用型人才，为东莞市发展创新型经济提供有力的人才支撑，人才培养成果丰硕。学院从 2014 年 9 月就面向全校非法学专业学生开设了法学（知识产权）辅修专业（已经毕业 136 人，其中有 1 名同学考入华南理工大学法律硕士，3 名同学考上研究生；10 名同学现在已经从事与知识产权有关的工作）；2015 年招收第一届法学（知识产权）双学位（在读学生 90 人）；2016 年招收第二届法学（知识产权）双学位（已经招生 62 人）。故政法学院以开设法学（知识产权）辅修专业、法学（知识产权）双学位的方式，培养了近 300 名以理工科为背景的知识产权应用型人才，人才培养成果丰硕。

四、应用型知识产权人才培养体系的比较研究

台北科技大学是一所以产学合作、培养实务型人才见长的高等应用型院校，该校的应用型人才培养取得成功的有诸多重要因素，例如：人才培

养目标定位准确及务实、课程设计科学并侧重实务、师资力量雄厚等因素。台北科技大学智慧财产研究所在知识产权人才培养目标、课程设置、师资队伍建设和校外实习等人才培养体系上具有四大特色：一是人才培养目标准确、务实；二是师资力量雄厚，基于知识产权的学科特点，有海外留学背景的教师和双师型实务性专家的比例突出；三是课程设置科学，实务性、交叉学科的课程突出；四是重视学生的实习，加强对学生实习各环节的执行和学生权益的保障。笔者通过比较，列出了东莞理工学院法学（知识产权方向）在人才培养目标、课程设置、师资力量等方面存在的不足，展望了学院改进的方向。

（一）特色一：人才培养目标准确、务实，特色鲜明

"智慧财产权研究所"是台北科技大学在 2011 年设立，其原因是，当今知识经济和全球化时代，智慧财产的创造、保护和有效管理，是个人、企业与国家竞争力的重要基础，社会各界对知识产权人才的需求日益迫切。智慧财产研究所的人才培养目标非常明确，就是面向理工科学生，培养具有国际视野、公共管理视野和熟悉全球知识产权创造、运用、保护和管理的中高级知识产权专业人才。该所有两大培养目标：一是通过研究生入学考试，招收理工科大学毕业生而进行研究生教育；二是针对在校的理工科学生开设以知识产权法为主的第二专长的学习，目的是使理工科学生在学习本专业的同时，掌握知识产权法的基本知识，并参加专利师（又称专利代理人）资格考试，增强同学们的专业实力及就业竞争力。

智慧财产权研究所人才培养的特色表现在以下几方面：

1. 依托学校优势，培养跨学科人才。该所充分依托台北科技大学百年以来的优秀的理工科专业基础，发展前瞻性、实务性专业研究所，积极培养整合跨学科的知识产权人才。

2. 立足地方，积极服务于地方经济。该所善于运用台北科技大学在台湾地区的影响力，积极整合台湾北部具有相关专长的师资力量，创造台北科技大学向外进行产学合作、研究联盟，积极服务于地方经济。

3. 充分挖掘学校内资源，整合师资资源。为了培养高素质、跨学科的知识产权人才，台北科技大学有效地整合院内系所的优秀教学资源，促进院际合作、发展校外联盟。

4. 加强校友资源的挖掘。该所充分利用台北科技大学校友长期在智慧财产权领域经营事业的成就，为学生提供宽广的实习、就业渠道。

5. 强化教学课程体系的实务性。台北科技大学通过"科技为体、智财为用"的教学安排，以"技术实作"（技术实习）"跨学科"的课程，来增强学生对知识产权的实际应用能力。

6. 引进业界师资，把握实务前沿。台北科技大学积极引进产业界、实务界师资，协助师生与企业界互动，及时掌握实务的最新发展趋势，提高学生对国际知识产权热点的把握能力。

（二）启发一：法学专业人才培养应在四个方面加以强化

借鉴台北科技大学智慧财产权研究所人才培养目标的设置特色，我校法学（知识产权方向）专业在人才培养方面也应该在以下四方面不断强化：

1. 要充分发挥我校理工科专业优势的特点，进一步加强对理工科学生的知识产权法基础知识的灌输，使学生们在具有扎实的理工科专业知识的基础上，同时具有较强的知识产权研发、运用和保护的意识；

2. 在广东省乃至东莞市大力打造先进制造业区域和东莞高标准建设国家知识产权示范城市的背景下，我校应进一步加大服务于东莞地方经济建设的力度，加大对东莞市政府、企业在职人员的知识产权培训力度，为东莞市培养一大批知识产权人才；

3. 知识产权的管理、运用和保护涉及法学、管理学和经济学等学科，培养的知识产权人才必须具有多学科的专业背景，因此，加强学校各院系师资力量的整合，加强跨学科人才培养平台的建设应是我校今后发展的方向；

4. 我校应进一步加强知识产权人才培养的"双师型"师资队伍建设，增加对知识产权司法界、实务界的专家的聘任，使学生们在聆听这些实务精英们精彩讲课的同时，也走出课堂，走入法庭和企业，真切地从一个个具体的案例来学习、掌握知识产权。

（三）特色二：师资力量雄厚，具有海外留学背景和双师型实务性专家的比例突出

台北科技大学智慧财产权研究所的师资力量雄厚，基于知识产权的

涉外性和务实性的学科特点，师资具有在海外留学的背景和双师型实务性专家的比例突出。《知识产权法》就有非常突出的涉外性特点。在所有法学学科中，《知识产权法》是国际化最突出的一部部门法，WTO 中TRIPS 协议是世界上 159 个国家（2013 年）和地区都要遵守的国际条约，代表着当今知识产权国际保护的最高标准，也是各国制定、修订其《知识产权法》的依据。此外，在全球化背景下，知识产权已经成为企业实施"海外"战略发展的重要资源和竞争力的核心要素，因此，必须大力培养具有扎实外语基础，能熟练运用 WTO 现有规则和美国、欧盟等国家和地区的知识产权法律制度，能够应对各种涉外知识产权诉讼、保护企业自身合法权益的知识产权人才。因此，智慧财产权研究所在强调高水平师资队伍建设的同时，更强调对具有海外留学背景教师的聘用，如智慧财产权研究所现共有专业教师 7 人，其中 6 人均在美国、加拿大和日本取得博士学位。

此外，"法律的生命不在于逻辑，而在于经验[①]"，法学学科的实践性是其突出的特点。因此，智慧财产权研究所在教师队伍建设中大规模聘用实务界专家为兼职教授，双师型教师特点突出，如智慧财产权研究所目前共聘请 15 人担任兼职教师，均来自实务界，如公司法务部门、专利事务所和知识产权行政执法等部门。

（四）启发二：法学（知识产权）师资力量薄弱

目前政法学院法学（知识产权方向）专业的师资队伍力量还比较薄弱，主要表现在以下几方面：

1. 具有知识产权专业背景、精通外语并具有海外留学经历的博士较少；

2. 大部分老师以教授法律为主，学院缺乏跨学科的师资力量；

3. 大部分老师缺乏专利申请、诉讼的实务经验，拥有专利代理人资格的老师屈指可数，有知识产权管理、专利代理和商标代理经验的实务性专家较少。

因此，政法学院法学（知识产权方向）专业首先应进一步加强师资队

---

① Holmes, Oliver Wendel, JR. (1923). The common law. Boston: Little, Brown and company.

伍建设，重点引进具有海外留学背景的知识产权人才；其次，要整合我校管理、会计和经济等院系的师资力量，充分挖掘校内跨学科师资力量，形成跨学科优势；再次，要加强双师型师资队伍建设，要多从司法、专利事务所、公司等实务一线聘用经验丰富、业务扎实的法官、律师和专利代理人做兼职教授。具体方法如下：

一是引进来。聘请知识产权实务部门的专家来校讲课、开设专题讲座等教学活动，开阔学生的视野。

二是走出去。教师在讲授专业理论的同时，到知识产权服务机构、人民法院（知识产权庭）、企业等知识产权实务部门开展调研和实践性教学。

（五）特色三：课程设置科学、实务，交叉学科的课程设置突出

知识产权是一个集法学、经济学、管理学等学科于一体的交叉学科，理想的知识产权专门人才应当是精法律、善管理、通经济、懂英语并掌握一定科技知识的复合型人才。

台北科技大学智慧财产权研究所在人才培养的课程设置上，有以下突出特点：

1. 课程设置核心课程突出，选修课程的多样性突出

笔者通过对台北科技大学 2011—2013 年智慧财产权研究所课程科目（必修课程、选修课程）的分析① ［见附件二学年课程计画（100 学年度入学适用）台北科技大学智慧财产权研究所硕士班课程科目表，学年课程计画（101 学年度入学适用）台北科技大学智慧财产权研究所硕士班课程科目表］，发现其课程设置核心课程突出，选修课程的多样性突出。比如，在 2011 年的必修课课程设置中，仅设置"专利法专题研究""商标法专题

---

① 学年课程计画（100 学年度入学适用），台北科技大学智慧财产权研究所硕士班课程科目表 必修课程、选修课程［EB/OL］. ［2014 – 11 – 20］. http：//iip. ntut. edu. tw/files/15 – 1109 – 31716，c7064 – 1. php.

学年课程计画（101 学年度入学适用），台北科技大学智慧财产权研究所硕士班课程科目表 必修课程、选修课程［EB/OL］. ［2014 – 11 – 20］. http：//iip. ntut. edu. tw/files/15 – 1109 – 31717，c7064 – 1. php.

学年课程计画（102 学年度入学适用），台北科技大学智慧财产权研究所硕士班课程科目表 必修课程、选修课程［EB/OL］. ［2014 – 11 – 20］. http：//iip. ntut. edu. tw/files/15 – 1109 – 39498，c7064 – 1. php.

研究"等9门核心课程，完全涵盖了知识产权法的所有核心课程，必修课课程设置核心课程突出、精练。与此形成鲜明对比的是其在选修课程的设置上则彰显其多样性和广博性，例如，2011年有19门选修课程，2012年达到36门，2013年则达到46门。多样性选修课程的设置，使学生可以根据实际情况和未来发展方向而规划自己学习的空间，同时也为掌握广博的系统性的知识产权理论打下了坚实的基础。

2. 课程设置的涉外性突出

外向型经济是台湾经济结构的突出特点，因此，培养具有国际视野、全面掌握全球知识产权知识和实务的知识产权法律人才，是智慧财产权研究所人才培养的基本目标之一。故其在课程设置上涉外性特点突出，如在2011年的9门核心课程中，"国际智慧财产权的管理""国际智权契约与技术转移""世贸组织法规"等三门涉外性核心课程，占核心课程的1/3。再如，在2012年的36门选修课中，"全球品牌智财权管理""美国智财诉讼实务""日本智财诉讼实务""美国专利申请实务""欧盟专利申请实务""美国专利法专题研究""美国专利诉讼专题研究"等13门涉外性选修课，占整个选修课程的36%。

3. 课程设置的实务性突出

培养精通相关专业并具有超强的实务操作能力的学生是台北科技大学的优良传统，智慧财产权研究所秉承台北科技大学的优良传统，并进一步发扬光大。通过对台北科技大学智慧财产权研究所2011—2013年所开设的必修课程和选修课程情况的分析，我们发现其课程设置的实务性非常突出。例如，虽然在2011年的9门核心课程中，有"专利审查基准与专利申请实务""专利法实务与案例分析"等两门实务性核心课程，占核心课程的22%。但是，在当年的选修课中却有"全球品牌智财权管理""美国智财诉讼实务""日本智财诉讼实务""中国大陆智财诉讼实务""美国专利申请实务""欧盟专利申请实务""美国专利法专题研究""美国专利诉讼专题研究""专利写作"等12门实务性课程，占当年19门选修课程总数的63%。

而在2012年选修课程中，以"美国专利申请实务""欧盟专利申请实务""美国专利法专题研究""美国专利诉讼专题研究""专利写作"为代表的实务性课程共计23门，占当年36门选修课程总数的64%。

4. 交叉学科优势突出

"面向企业培养的知识产权人才应当是具有法律知识背景的知识产权经营管理人才，而不宜是单一的知识产权法律人才。"① "企业需要的决不是单一的知识产权法律人才，而应当是运筹帷幄，兼容并蓄的复合型、综合型的知识产权经营管理人才。"② 台科大智慧财产权研究所的课程设置突出地展现了以上观点，其课程设置以管理学、经济学和法学等学科相融合，交叉学科优势突出。

通过对台北科技大学智慧财产权研究所 2011—2013 年所开设的必修课程和选修课程情况的分析，我们发现其在开设"法律"课程的同时，也开设大量的具有"管理学和经济学"性质的课程，如"全球品牌智财权管理""智财权与企业并购""智财权价值研究""专利布局与专利策略"等课程。

（六）启发三：辅修专业课程设置需要调整

通过对台北科技大学智慧财产权研究所的课程设置分析，并与东莞理工学院法学（知识产权）辅修专业的课程设置相比较③（见附件二东莞理工学院法学（知识产权）辅修专业教学计划），我们得到以下启示：

其一，在课程设置上，我校的法学（知识产权）辅修专业的课程设置主要存在以下不足：一是以"专利"为主的核心课程开设得较少。目前，我校的法学（知识产权）辅修专业的课程中仅有"专利法""专利实务代理"两门课程。这远远不能满足企业对具有"专利"知识法律人才的需求；二是与知识产权法律和实务相关的选修课程设置数量较少。例如，从我校法学（知识产权）辅修专业的课程设置上看，其课程设置仅仅列出 12 门必修课，根本没有列出其相应的选修课。选修课匮乏的课程设置是远远无法实现"完善理工科学生的知识产权法律知识结构、培养知识结构全面的知识产权实务性人才"这一培养目标的。所以，今后我校法学（知识产

---

① 陶鑫良 知识产权人才的培养模式［EB/OL］．［2014 – 11 – 20］．http：//www. sipo. gov. cn/mtjj/2005/200804/t20080401_ 362841. html.

② 同①。

③ 政法学院法学（知识产权方向）辅修专业招生简讯［EB/OL］．（2014 – 11 – 20）．http：//www. dgut. edu. cn/dgut/tzgg/201406/2dca94862da94fe6aa890b7a68fc0b7c. shtml.

权）辅修专业的课程设置应该增加以"专利"为主的核心课程，并在有条件的情况下，充分利用网络课程平台，给同学们提供更多与知识产权相关的选修课程。

其二，在课程设置的涉外性上，我校的法学（知识产权）辅修专业的课程设置明显存在着涉外性不足，在12门必修课中仅有1门"国际知识产权法"课程，这与以"外向型"出口为主的珠三角企业对于知识产权人才的需求有一定的脱节。广东省的民营企业是实施国家"走出去"战略的先行者，但是企业在实施"走出去"战略的同时，必须加强自身的知识产权保护和运用，必须充分意识到以"美国"为目标市场中存在的知识产权风险。例如：如何应对美国ITC的"337"调查，如何利用美国专利法来打击"专利流氓诉讼"等。因此，今后我校在法学（知识产权）辅修专业的课程设置上应进一步突出课程的涉外性，加强对美国专利诉讼、欧盟专利诉讼的研究。

其三，在课程设置的务实性上，我校法学（知识产权）辅修专业的课程设置的实务性不突出，如缺乏对"专利检索""专利申请书的写作""商标申请的写作"等实务性极强的课程的设置。

因此，今后我校在法学（知识产权）辅修专业的课程设置上应进一步突出课程的实务性，在有条件的情况下开设"专利检索""专利申请书的写作""商标申请的写作"等实务性课程。

其四，从课程设置的交叉学科优势上讲，课程设置的综合性不突出、交叉学科优势匮乏是我校法学（知识产权）辅修专业的课程设置突出的不足之处。如在12门必修课中仅有1门"企业知识产权管理"课程，缺乏对"专利价值评估""知识产权资本化"等具有管理学、经济学特色的课程的设置。

因此，今后，我校应按照东莞及珠三角区域产业的需要，实施跨专业、跨学科培养，构建有职业特色和行业、地域特征的高端知识产权应用型人才培养教育体系，满足东莞及珠三角区域产业转型升级对知识产权专门技术、管理和法律人才的需求。我校在法学（知识产权）辅修专业的课程设置上应开设以管理学、经济学和法学等学科相融合，交叉学科优势突出的课程，在有条件的情况下开设"专利价值评估""知识产权资本化"等具有管理学、经济学特色的课程。

（七）特色四：重视学生的实习，加强对学生实习各环节的执行、监督和学生权益的保障

极其重视学生的"实习环节"是台科大培养优秀实务性人才的制度性保障之一，台北科技大学智慧财产权研究所在人才培养的过程中，也高度重视学生的"实习环节"。具体表现在以下几个方面：

1. 强化学生的实习机制的制度化建设，严格进行学生实习的系统化管理

从台北科技大学智慧财产权研究所的"校外实习研究"网页上看①，台北科技大学智慧财产权研究所对学生实习从实习的申请、执行、保障和监督等各环节都制度化，配套机制健全，真正强化学生实习的各环节，使学生实习不流于形式，使学生在实习中真正获得锻炼，收获知识。

（见附件三台北科技大学研究生"校外实务研究"申请流程）（见附件四台北科技大学研究生"校外实务研究"申请表）

2. 在实习过程中充分保障实习学生的各项权利，加强对实习学生的劳动保护和各项保险的配置②

作为未毕业的学生利用寒假、暑假和学期中的时间，到企业和社会上实习，其有多重法律身份，因实习而与学校、实习单位、社会产生多重法律关系：其一，作为在校学生，学校负有管理和监督义务；其二，作为单位、企业实习人员，单位和企业必须按照《劳动法》使实习学生享有法律规定的劳动保护权利；其三，作为社会的一员，实习学生在赴实习单位的过程中所出现的意外风险，应加以防范。

台北科技大学智慧财产权研究所非常重视实习学生依据《劳动法》而享有的各项法律权利，加强对实习学生的劳保（劳动保护）和各项劳动保险的设置，甚至对实习学生在企业中是否可以领加班费或补休等具体问题都给予明确关注（见附件五台北科技大学××学年度学生校外实习机会评估表）。此外，台北科技大学智慧财产权研究所还积极预防在学生实习过程

① 台科大智慧财产权研究所的"校外实习研究"网页［EB/OL］. ［2014-11-20］. http：//iip. ntut. edu. tw/files/11-1109-7156. php.

② 台北科技大学校外实习机会评估表（附件五），如实习环境、实习安全性、实习专业性与体力负荷。

中有可能发生的意外事件，提前给予学生明确的指引，如交通事故如何救助、工伤保险如何设置、女生的人身权利被侵犯时如何保护自己和如何行使诉权等。

3. 加强对实习单位的评估，对学生实习真实情况的评估

加强对实习学生在实习过程中的动态、系统性管理和评价，是台北科技大学智慧财产权研究所学生实习管理的一个突出特点。

对于实习学生，台北科技大学智慧财产权研究所不仅重视学生实习前的申请，更重视学生实习中的动态监管（实习记录）和学生实习后学生成果的评估（实习成绩的评判），特别强调对实习单位的评估，对学生实习真实情况的评估。[①]

4. 学生实习的地点明确、目的明确、效果显著

企业是创造、运用、管理和保护知识产权的主体。因此，台北科技大学智慧财产权研究所学生实习的地点非常明确，90%以上的学生是要到企业实习。其实习目的非常明确，通过在企业一线的实习，学生不仅了解了企业在技术研发、技术成果专利化过程中所涉及的专利检索知识、专利申请流程知识的实际运用，还了解了企业的商标战略的实际运用。此外，10%的学生是要到专利事务所、商标代理事务所实习，以便使学生充分了解专利、商标申请的具体流程和管理。因此，在这样以"企业"为主体的实习实践中，学生实际了解了企业在知识产权的创造、运用、管理和保护等各项流程，为今后自己从事知识产权相关工作奠定了基础，实习效果明显。

（八）启发四：实习环节的工作有待进一步完善

"加强学生实习环节的制度建设，加强实习过程中的动态监管和实习后的综合评估"，是我校建设具有特色的高水平应用型大学的必然要求。而从培养应用型的理工科知识产权人才的角度和就笔者的自身带学生的实习情况来分析，笔者认为，我校在学生实习环节中还有很多工作要完善：

1. 制订实习计划

要真正制订好理工科知识产权人才的实习计划，并保证实习计划的真

---

① 台北科技大学校外实习机会评估表（附件五）

正落实，不能使"学生实习"流于形式和走过场。

目前，我校已经有一届知识产权辅修专业的学生毕业，但是从这一届的学生实习的各项环节中，还存在以下不足：（1）没有制订出针对理工科学生的与知识产权有关的实习计划；（2）学生的实习地点过于分散，缺乏指导老师的明确指导；（3）缺乏对学生实习过程的动态评估，学生的实习过程基本上处于"自我控制、自我学习"的状态。

因此，从培养应用型理工科知识产权人才的目的出发，我们要立即制订出知识产权辅修专业学生的实习计划，明确规定各位实习指导老师的职责，明确以"企业"为主的实习场所，加强与企业知识产权管理人员、科技人员的合作，使学生在实习过程中，真正了解到企业在知识产权的创造、运用和管理中的各项实务经验。

2. 保障实习学生的各项权利

针对我校理工科学生的特点，应在实习过程中充分保障实习学生的各项权利，加强对实习学生的劳动保护和各项保险的配置。

我校是以理工科为主的学校，理工科学生在实习过程中要接触到电、大型机械设备，甚至是野外调查，存在着潜在的意外风险。因此，我校应重视对学生在实习过程中的各项保险的配置，防患于未然。此外，我校还应积极提前预防在学生实习过程中有可能出现的意外事件，如交通事故的救助、工伤保险的设置、女生的人身权利被侵犯的诉权等情况，给予学生明确的指引。

3. 加强对实习单位的真实评估和对学生实习真实情况的评估

我校各院系应加强对实习学生在实习过程中的动态、系统性管理和评价，要重视学生实习中的动态监管（实习记录）和学生实习后成果的评估（实习成绩的评判），特别强调对实习单位的评估和对学生实习真实情况的评估。

4. 选择好实习基地，加强与企业科技人员的合作

要选择一流的高科技企业作为学生的实习基地，加强与一流高科技企业科研人员的合作，共同指导学生实习。

一流的高科技企业在科技创新、专利保护、运用和管理等方面有着成功的经验。因此，必须与一流的高科技企业签订长期的实习基地合同，并聘用高科技企业中的科技人员作为实习指导老师，具体指导学生在企业实

习的各个环节，使学生真正实际了解企业在知识产权的创造、运用、管理和保护等方面的流程，为今后自己从事知识产权相关工作奠定基础。此外，还要多多鼓励学生到专利事务所、商标事务所实习，以便充分了解专利、商标申请的具体流程和管理。

五、东莞理工学院培养理工科知识产权人才的经验总结

随着经济全球化的发展，国际竞争日趋激烈，社会迫切需要在应用型大学中普及知识产权法律基础知识，培养理工科学生知识产权的创造、运用、保护的管理能力和法律意识。特别是在东莞理工学院建设高水平理工科大学的过程中，更需要理工科学生具备较好的知识产权素养、较强的专利检索能力和专利保护能力。因此，社会的需求和理工科知识产权法律人才的缺乏，急需我们进一步加强应用型大学知识产权法律实务人才模式中的案例、网络和双语等教学资源、教学平台的建设与研究。

在国家和全省实施创新驱动发展战略的大背景下，在东莞理工学院加快建设高水平理工科大学的过程中，政法学院始终以"加快推进高建，以卓越的创新教育与实践造福社会"为己任，全身心地投入高水平理工科大学的建设中，着力深化教学改革，大力推进知识产权学科建设，积极探索知识产权人才培养模式，在培养以理工科为第一专业背景的知识产权应用型人才方面，在服务于东莞经济转型、推动东莞企业转型升级和创新发展方面取得了丰硕成果。

第一，更新教育观念，设立法学（知识产权）辅修专业和第二学位，大力培养以理工科为背景的知识产权应用型人才，为东莞市发展创新型经济提供有力的人才支撑，成果丰硕。

为了满足东莞及珠三角地区制造业在科技创新过程中对具有理工科背景的知识产权人才的迫切需求，政法学院不断更新教育观念，从珠三角制造业的实际需求出发，并结合东莞市的制造业特点，大力培养以理工科为背景的高素质应用型知识产权人才。政法学院从 2014 年 9 月就面向全校非法学专业学生开设了法学（知识产权方向）辅修专业（已经毕业 136 人，其中有 1 名同学考入华南理工大学法律硕士，3 名同学考上研究生；10 名

同学现在已经从事与知识产权有关的工作）；2015 年招收第一届法学（知识产权）双学位（在读学生 90 人）；2016 年招收第二届法学（知识产权）双学位（已经招生 62 人）。故知识产权学院以开设法学（知识产权）辅修专业、法学（知识产权）双学位的方式，培养了近 300 名以理工科为背景的知识产权应用型人才，人才培养成果丰硕。

第二，向全校师生普及、宣讲知识产权的基本知识，全面培养和提升东莞理工学院师生尊重知识产权、保护知识产权的意识和理念，知识产权宣讲工作成绩突出。

（1）针对我校以"理工科"为主的特色，政法学院以"省市共建高水平理工科大学"为契机，通过向全校学生开设"简明知识产权概论""专利检索""知识产权诉讼实务""国际知识产权法"等公选课程，普及、宣讲知识产权的基本知识，累计培养理工科学生 4000 多名。

（2）每年 4 月 26 日，政法学院均在学校开展一系列（3 期）的知识产权宣传活动，大力营造建设高水平理工科大学的氛围，特别是大力宣传、普及专利制度对创新驱动的促进作用，全面培养东莞理工学院及其师生尊重知识产权、保护知识产权的意识和理念，为建设高水平理工科大学提供知识产权支撑。

（3）针对理工科老师，政法学院开展了三次"专利检索"等师资培训课程，为理工科老师的科研创新、专利信息的利用和专利的保护提供指导，累计培训教师等科研人员 120 人。

第三，积极推进现代信息技术与知识产权教育教学的深度融合，积极运用现代化的教学手段开展"幕课"（MOOC）和知识产权网络教学，教学理念先进，效果显著。

政法学院老师主动地学习新的教学理念和信息技术，积极推进现代信息技术与知识产权教育教学的深度融合，积极改进教学方式，探索采用"慕课"等形式，开展知识产权网络教学，教学效果显著。目前，学院老师已经建设成《知识产权法》网络教学平台一个（http：//jpkc. dgut. edu. cn/zscq/；http：//172. 31. 5. 210：81/）。此外，学院依托中国知识产权远程网络教育平台（广东省知识产权远程教育分平台 http：//elearning. ciptc. org. cn/public/index？v=0&r=0），充分发挥网络教学的便捷性、交互性和主动性，向全校理工科学生开设知识产权的相关课程，普及、推广专利、商标和著作权等相关知识产权法律。

2014 年，我校依托广东省（东莞理工学院）知识产权培训基地，承接了知识产权远程教育在东莞高校和企业的培训、推广任务，取得了较好的教学效果（见表4-1）。

表4-1　知识产权远程教育课程开展情况一览表

课　程	参加人数	合格人数	年　级
美日欧因特网专利信息检索	58	58	2014 级（共有学生 58 人）
企业专利的运用和有效保护	58	32	
知识产权法律基础（2007 版）	58	58	
中国因特网专利信息检索	58	58	
专利法律状态和同族专利检索	58	58	
专利文献检索运用实例	58	58	
课程	参加人数	合格人数	—
知识产权法律基础（2007 版）	89	89	2015 级（共有学生 89 人）
专利法第三次修改	89	62	
专利法律基础知识（代理人课程 2013 版）	89	75	

第四，积极开展知识产权课堂教学模式改革，大胆采用"真实案例进课堂"的方式，使学生真实领悟到法庭审判的严肃性、公平性和公正性，以及知识产权案件的复杂性。

政法学院积极开展知识产权课堂教学模式改革，不仅非常重视模拟法庭在推进实践教学方面所起的示范性作用，而且还积极推进人民法院的"真实案件"进校园活动和"送法进校园"的活动。

政法学院与东莞市中级人民法院充分协商，在 2014 年 10 月 20 日，由东莞市中级人民法院在我校审理一起关于注册商标侵权的刑事案件。参加庭审的学生通过对这些真实案件的审理过程的观摩，深刻感受法庭审判的公平、公正、公开，使自己的知识产权理论学习和司法审判实践有机地结合在一起，收获很大。

第五，知识产权学院不断完善开放办学的协同培育人机制，通过与广东省知识产权局等政府部门、法院和专利事务所协同育人，不断提高知识产权人才的实践能力和创新能力。

政法学院不断完善开放办学的协同培育人机制，目前已经和广东省知识产权局、东莞市知识产权局、东莞市中级人民法院和广州三环专利律师事务所等 24 家政府部门、法院和专利事务所建立起了知识产权协同育人实践基地。通过这些实践性人才培育基地的建设，政法学院将这些优质的社会资源聚集、转化为知识产权人才培育的教学资源，促进和提高了知识产权人才的实践能力和创新能力。

第六，主动面向东莞市经济建设和社会发展需求，以服务于东莞地方经济建设为导向，根据东莞市政府和企业的实际需求，开展各种形式的知识产权培训，精准服务于地方经济建设，成绩突出。

东莞理工学院政法学院依托省级知识产权培训基地和东莞市级知识产权促进中心，常年根据政府和企业的实际需求，开展各种形式的知识产权培训，对社会和企业对于知识产权人才的知识结构的要求定位准确，已经培训包括理工学院学生、东莞市政府工作人员和企业知识产权管理人员近 1 万人次，培训成果显著，知识产权基地服务地方经济的优势突出。

2013 年 3 月—2016 年 5 月广东省（东莞理工学院）知识产权培训基地的知识产权培训活动汇总情况见表 4 - 2 所列。

表 4 - 2 2013 年 3 月—2016 年 5 月广东省（东莞理工学院）
知识产权培训基地的知识产权培训活动汇总表

序号	时 间	内 容	举办地点	参加人数
1	2013 年 3 月和 9 月	东莞理工学院和省知识产权研究与发展中心合作，分别举办了两期《企业知识产权管理规范》（国家标准）和《创新知识企业知识产权管理通用规范》（广东省标准）学习培训班	广东省（东莞理工学院）知识产权培训基地	450
2	2014 年 9 月底	举办了广东省第四期企业知识产权管理规范培训班	广东省（东莞理工学院）知识产权培训基地	260
3	2014 年 5 月	在国家知识产权局的大力支持下，举办了"专利布局初级实战班"，提高了东莞市企事业单位专利挖掘、专利布局的能力，提升了专利申请质量	广东省（东莞理工学院）知识产权培训基地	142

（续表）

序号	时间	内　容	举办地点	参加人数
4	2014 年 9 月底	承办了"广东省第四期企业知识产权管理规范培训班"	广东省（东莞理工学院）知识产权培训基地	250
5	2014 年 10 月	举办东莞市第二期专利布局暨专利分析初级实战班	广东省（东莞理工学院）知识产权培训基地	167
6	2014 年 12 月	和东莞市莞信律师事务所联合举办了全国首个"企业知识产权管理规范贯标实战培训班"	广东省（东莞理工学院）知识产权培训基地	200
7	2015 年 5 月	承办"企业知识产权管理规范贯标实战培训班"	广东省（东莞理工学院）知识产权培训基地	194
8	2015 年 11 月	2015 年东莞市专利布局暨专利分析初级实战班	广东省（东莞理工学院）知识产权培训基地	174
9	2016 年 4 月	2016 年企业知识产权管理规范贯标实战培训班	广东省（东莞理工学院）知识产权培训基地	174
10	2016 年 5 月	2016 年东莞市专利布局暨专利分析初级实战班	广东省（东莞理工学院）知识产权培训基地	147

第七，积极探索"双师型"师资队伍建设，已经形成一支年龄结构合理、知识产权理论和实务水平高、团结协作、乐于奉献、勇于进取的知识产权师资队伍。

在师资队伍建设上，政法学院制订了详细的知识产权师资培养计划，重视青年建设的培养。通过鼓励知识产权学院的青年教师出外进修、攻读知识产权方向的博士学位，以及鼓励并创造条件让老师申报教授、副教授等高级职称等方式，不断提高师资队伍的学历和职称结构。

此外，政法学院不断加强"双师型"知识产权师资队伍建设，大胆聘用知识产权法律实务部门的高水平的检察官、法官、经验丰富的律师、专利代理人来任教，努力打造一支高学历、高职称与实务精英相融合的一流的知识产权师资队伍。目前，政法学院已经聘请了以东莞市中级人民法院原知识产权庭庭长程春华博士后为代表的实务界精英 5 位，双师型师资队伍建设，成果显著。

第八，政法学院教师潜心知识产权领域内的学术研究，高度重视科研成果向教学资源的转化，精于知识产权教学，教研教改成果突出。

政法学院教师潜心学术研究，精于知识产权教学，教研教改成果突出。近三年来已经发表高水平知识产权学术论文16篇，主持省部级知识产权科研项目11项，科研经费达70多万元。此外，政法学院高度重视科研、教学成果转化为教学资源，鼓励教师将自己的科研成果融入课堂教学中，为应用型知识产权人才培养创造了有利条件。

2012—2016承担的与知识产权有关的科研、教学项目见表4-3所列。

表4-3　2012—2016承担的与知识产权有关的科研、教学项目一览表

序号	课题名称	项目编号	负责人	项目来源单位	立项日期	合同经费（万元）	配套经费（万元）
1	企业知识产权管理规范推进	—	强昌文	广东省知识产权局2016年知识产权工作专项	2016.03—2017.03	10	—
2	企业知识产权管理规范推进	—	张建超	广东省知识产权局2016年知识产权工作专项	2016.03—2017.03	15	
3	面向特定群体（高等院校师生）知识产权意识普及宣传	—	强昌文	广东省知识产权局2016年知识产权工作专项	2016.03—2017.03	15	—
4	当前国际知识产权的新发展对广东省民营企业实施"走出去"战略的影响研究	—	龚红兵	广东省知识产权局2016年知识产权工作专项	2016.03—2017.03	8	
5	中国民营企业实施"走出去"战略中的知识产权法律问题研究	GQBY 2013 017	龚红兵	国务院侨务办公室	2013.12—2015.11	5	1.5
6	广东省民营制造企业海外并购中的知识产权法律问题研究	教外司留〔2013〕693号	龚红兵	教育部	2013.06—2014.07	1.5	0.9

（续表）

序号	课题名称	项目编号	负责人	项目来源单位	立项日期	合同经费（万元）	配套经费（万元）
7	应用型本科院校《知识产权法》课程案例化、网络化和双语化教学平台建设的研究与实践	（GDJG20142467）	龚红兵	广东省高等教育教学研究和改革项目	2014年	1	—
8	进一步提高"知识产权法"课程双语化、案例化和网络化教学平台建设的研究与实践	莞工教〔2012〕33号	龚红兵	东莞理工学院教育教学改革与研究项目	2012年	1	—
9	高等学校法学专业"知识产权法"课程双语教学的理论与实践研究（项目编号）（结项）	2010tjk023	龚红兵	广东省教育科学"十一五"规划研究项目	2010年	1	—
10	广东省专利保护路径创新研究	GDZP2014—G12	张建超	广东省知识产权软科学研究项目	2014年	1	—
11	家具领域专利侵权判定咨询机制及专利纠纷快速调解机制研究	—	张建超	东莞市知识产权局委托的课题	2014年	12	—
12	理工科大学生在科技创新实践中相关专利技术信息的检索与运用	—	龚红兵（指导老师）	2016年广东省大学生创新实践项目（创新训练项目）	2016年	1	1
13	东莞中级人民法院知识产权案件（2011—2015年度）民事损害赔偿额的初步调研	—	龚红兵（指导老师）	2016年广东省大学生创新实践项目（创新训练项目）	2016年	1	1
14	东莞市专利权质押融资问题与促进法律政策研究	2013ZDZ08	龚红兵	2013年　东莞市哲学社会科学课题	2013年	0.5	0.5

六、东莞理工学院应用型理工科知识产权人才的培养路径与方法

自 2014 年 9 月，政法学院开始招收第一届法学（知识产权）辅修专业，2015 年 9 月招收第一届法学（知识产权）双学位以来，东莞理工学院政法学院在教学实践、学生实习等各项教学环节中，已经积累相关丰富的经验，取得了丰硕的成果。在建设高水平理工科大学的背景下，政法学院相信在已经取得的知识产权实务性人才培养的经验基础上，学院有能力和信心不断提高以理工科为主体的应用型知识产权法律人才的培养模式，力争在"双师型"师资队伍建设、实践性课程体系和课程内容的构建、知识产权实践教育基地的培育等方面积极探索，为社会培育出高水平的应用型知识产权法律人才。

（一）培养目标

东莞理工学院政法学院力求在开设的法学（知识产权）双学位、法学（知识产权）辅修专业的过程中所积累的经验基础上，不断完善以理工科为主体的应用型知识产权法律人才的培养模式，力争在"双师型"师资队伍建设、实践性课程体系和课程内容的构建、知识产权实践教育基地的培育等方面积极探索，为社会培育出高水平的应用型知识产权法律人才。

（二）拟解决的关键问题

（1）针对现有的法学（知识产权）双学位、法学（知识产权）辅修专业的教学计划，适当增加"专利信息检索与应用""专利申请书撰写"等的实务课程。

（2）充分利用"知识产权远程网络教育平台""学校网络教学平台"和互联网优势，并依托"中国知识产权远程网络教育平台"（广东省知识产权远程教育分平台 http：//elearning. ciptc. org. cn/public/index？ v＝0&r＝0)，同学们可以根据自己的时间自主选课，按进度要求完成网络在线学习。

（3）在校外知识产权教育实践基地建设上，政法学院应特别加强与企业知识产权管理部门、知识产权中介服务机构等单位的合作方面，努力探索，建立起具有特色的知识产权教育实践基地，提高学生解决知识产权实际问题的能力。

（三）具体改革内容

（1）要充分发挥我校理工科专业优势的特点，将政法学院与学校的工科优势结合起来，在"依托理工、法管融合"的理念下，我校政法学院形成了特色鲜明的应用型知识产权人才培养模式。

（2）采用选修课、必修课、网络课程以及报告会等多种形式，在高校中面对不同专业学生开展知识产权普及教育，大幅度提高高校学生的知识产权意识。

（3）依托法学（知识产权）双学位、法学（知识产权）辅修专业，进一步加强对理工科学生的知识产权法基础知识的灌输，使学生们在具有扎实的理工科专业知识的基础上，具有较强的专利技术信息的检索和应用、研发和保护的意识。

（4）开门办学，加强知识产权的实践教育环节，在知识产权基本理论课程的基础上，在内容上增加具有较强实践性的课程。

（5）加强与企业知识产权管理部门、知识产权中介服务机构等单位的合作方面，完善知识产权教育实践基地建设，提高学生解决知识产权实际问题的能力。

（6）根据市场主体对知识产权专业人才的要求，结合不同专业的不同特点，加强知识产权课程体系建设，文理交叉、科技与法律并举、管理与外语兼具。

（7）知识产权的管理、运用和保护涉及法学、管理学和经济学等学科，因此，知识产权人才的培养必须具有多学科专业背景的师资队伍。因此，加强学校各院系师资力量的整合、加强跨学科人才培养平台的建设应是我校今后发展的方向。

（8）我校应进一步加强知识产权人才培养的"双师型"师资队伍建设，增加对知识产权司法界、实务界专家的聘任，使学生们在聆听这些实务精英们精彩讲课的同时走出课堂、走入法庭和企业，真切地从一个个具体的案例来学习、掌握知识产权。

（四）实施方案

（1）课程内容、体系的建设　突出课程的案例化、加强实践教育环节，在知识产权基本理论课程的基础上，增加在内容上具有较强实践性的课程。根据市场主体对知识产权专业人才的要求，结合不同专业的不同特点，加强知识产权课程体系建设，文理交叉、科技与法律并举、管理与外语兼具。

（2）师资力量的建设　制订高校知识产权师资培养计划，加大从知识产权工作一线和其他相关领域聘请师资的力度。

（3）中国知识产权远程网络教育平台的充分利用　将传统的知识产权课堂授课模式与网络教学平台优势相结合，在充分发挥传统的课堂教学的优势的同时，积极充分发挥网络教学的便捷性、交互性和主动性。

（4）知识产权实习基地建设　要加强校外知识产权教育实践基地建设，建立起具有特色的知识产权教育实践基地，提高学生解决知识产权实际问题的能力。

（五）实施方法及具体实施计划

（1）逐步增大"实践性"课时的比例，灵活地开展实践性教学。

如在 2016 年 9 月增大"专利检索"课时数，提高同学们的实际操作能力——设定相应的检索主题进行检索，突出老师的传帮带的作用；

加强技术交底书、专利申请书、专利答辩意见等专利申请的各个环节中实务操作环节的指导；

加强商标检索、商标申请、商标异议等商标注册、维持等环节的实际操作。

（2）鼓励任课老师带领学生"走出教室、走出学校"，到司法实践的大课堂学习，增大实践性课时的比例。

在 2016—2017 学年度，要带领同学们到华为、中兴等知识产权优势企业参观、学习。

（3）以考试、抽查等形式，加强指导并督促学生通过"中国知识产权远程网络教育平台"（广东省知识产权远程教育分平台）来选修相关课程，真正提高同学们通过网络教育平台学习的学习质量。

在 2016—2017 学年度，各专业课老师必须将知识产权网络教育平台中的 2～3 门课程列为自己课程的必修内容，该课程的网络考试成绩计入学生的平时成绩。

（4）要加大聘用知识产权实务性专家的力度，力争在 2017 年 6 月，聘用知识产权实务性专家 3～6 名，并为知识产权双学位学生授课。

（5）积极探索聘请校外知识产权专业团队，对全校理工科学生普及专利检索、专利信息的分析与应用等基本专利基础知识。

在 2016—2017 学年度，要聘请一个知识产权专业团队，为同学们开展专利检索、专利信息的分析与应用等基本专利基础知识。

参考文献：

1. 崔静思. 我国知识产权人才体系建设纪实之一［N/OL］. 中国知识产权报（2012-12-22）［2014-11-20］. http：//news. k8008. com/html/201212/news_ 2697809_ 1. html.

2. 崔静思. 知识产权事业发展有赖坚实的人才根基——访全国政协委员、国家知识产权局副局长李玉光［N/OL］. 中国知识产权报（2013-03-13）［2014-11-20］. http：//www. cipnews. com. cn/showArticle. asp？Articleid=26612.

3. 陶鑫良. 知识产权人才的培养模式［EB/OL］. （2008-04-01）［2014-11-20］. http：//www. sipo. gov. cn/mtjj/2005/200804/t20080401_362841. html.

4. 刘阳子. 社会力量探索定向培养专利代理人才新路［EB/OL］. （2012-04-26）［2014-11-20］. http：//www. cipnews. com. cn/showArticle. asp？Articleid=23630.

5. 王淑贤. 知识产权人才发展面临的问题与对策［J/OL］. 前线，（2011-11-16）［2014-11-20］. http：//theory. people. com. cn/GB/82288/83850/83859/16272680. html.

6. 王益宇，王世华. 台湾地区综合型大学和高等技职院校课程设置比较分析［J］. 中国高教研究，2009，（8）：90-91.

7. 谢永宪，王彤，孙晓鲲. 台湾技职院校实务专题课程探析［J］，继续教育，2013，212（7）：44-47.

8. 梁燕，台湾地区科技校院四技教育课程发展要素与规律研究［J］. 职业技术教育，2013，34（25）：42-47.

【附件】

东莞理工学院开设"知识产权远程网络教育平台"课程的情况总结

一、东莞理工学院开设"知识产权远程网络教育平台"课程的背景

其一，（时代背景）开设"知识产权远程网络教育平台"课程是国家和全省实施创新驱动发展战略的需要。

"创新驱动发展战略"是党中央在新时期对我国经济和社会发展提出的纲领性路线。《中共中央国务院关于深化体制机制改革加快实施创新驱动发展战略的若干意见》（简称为《意见》）认为，"创新是推动一个国家和民族向前发展的重要力量，也是推动整个人类社会向前发展的重要力量"；"知识产权制度是激励创新的基本保障，深刻揭示了知识产权制度在创新驱动发展中的核心作用"[1]。

因此，在国家和全省实施创新驱动发展战略的大背景下，急需要向我校广大理工科学生普及、宣讲知识产权的基本知识。

其二，（时代背景）开设"知识产权远程网络教育平台"课程是国家和全省实施知识产权战略的需要。

---

[1] 中共中央国务院关于深化体制机制改革加快实施创新驱动发展战略的若干意见［EB/OL］. (2015-03-24). http：//www.mod.gov.cn/xwph/2015-03-24/content_ 4576385.htm

"随着知识经济和经济全球化深入发展，知识产权日益成为国家发展的战略性资源和国际竞争力的核心要素，成为建设创新型国家的重要支撑和掌握发展主动权的关键"（《国家知识产权战略纲要》〔2008〕18 号）。因此，保护知识产权就是保护创新，可以使科学技术有更加旺盛的生命力。

当今世界，随着知识经济和经济全球化的深入发展，知识产权日益成为国家发展的战略性资源和国际竞争力的核心要务，成为建设创新型国家的重要支撑和掌握发展主动权的关键。

其三，开设"知识产权远程网络教育平台"课程是东莞理工学院全力以赴建设高水平应用型理工科大学的紧迫需要。

2015 年 9 月 14 日，东莞理工学院院长李琳与广东省教育厅共同签署省市共建高水平理工科大学协议。我校正式成为广东省高校综合改革试点单位，并在未来五年里，我校将在人才培养、学科建设等方面有一个飞跃式发展。

东莞产业升级转型对我校提出更高的要求，其中之一便是东莞的企业和社会迫切需要大量的具有理工科知识背景，掌握知识产权法律知识的应用型、复合型法律人才。

因此，我校开设"知识产权远程网络教育平台"课程是东莞理工学院建设高水平应用型理工科大学的紧迫需要。

其四，开设"知识产权远程网络教育平台"课程是政法学院实施课程改革，"积极培养服务地方经济和社会发展需要的高素质应用型知识产权法律人才"的需要。

在这样一个"努力建设知识产权强国的时代"的时代背景下，政法学院秉承"培养一大批能够担当社会责任的高素质应用型法律人才"的教育理念，为了满足东莞及珠三角地区制造业科技创新对具有知识产权知识背景的创新型人才的迫切需求，促进本科生就业和发展，决定依托"中国知识产权远程网络教育平台"（广东省知识产权远程教育分平台）向全校理工科学生开设知识产权课程，面向全校理工科学生普及和推广专利、商标及著作权等相关知识产权。

其五，是政法学院积极服务东莞经济转型、实施创新发展战略的直接体现。

在东莞产业转型升级和社会发展中急需大量的技术管理类知识产权人才，因此，理工学院政法学院应该立足于学院的特色大量培养具有理工背景的知识产权法律人才。故东莞理工学院政法学院要紧扣广东战略性新兴产业、先进制造业重大需求，着力培养智能制造领域高端创新人才和高素质人才，形成支撑珠江口东岸制造业转型升级的知识产权人才支持体系。而开设"知识产权远程网络教育平台"课程，可以更好地满足东莞制造企业的知识产权人才更新知识结构、拓展知识产权国际化视野，可以更好地提高企业创造、运用、保护和管理知识产权的水平。这也是政法学院积极服务于东莞经济转型、实施创新发展战略的直接体现。

二、东莞理工学院开设"知识产权远程网络教育平台"课程的条件

其一，政法学院有着非常雄厚的知识产权师资力量，完全可以胜任"知识产权远程网络教育平台"课程的辅导、考试等各项工作。

目前，政法学院已经面向全校开办了第一届法学（知识产权方向）双学位课程，以及第一届、第二届法学（知识产权方向）辅修专业课程。这些知识产权课程进展顺利，并受到广大同学们的欢迎。

其二，根据相关协议，我校已经成为"中国知识产权远程网络教育平台"（广东省知识产权远程教育分平台）的一个成员，政法学院应当开设"知识产权远程网络教育平台"课程。

因我校于2014年9月已经成为中国知识产权远程网络教育平台（广东省知识产权远程教育分平台）（见附件一），根据该协议，依托中国知识产权远程网络教育平台，我校承担了向本校理工科学生普及和推广专利、商标及著作权等相关知识产权法律知识的工作。

其三，政法学院开设"知识产权远程网络教育平台"课程是政法学院全面实施课程改革的一个重要环节。

政法学院积极实施全面的课程改革，开设"知识产权远程网络教育平台"课程，是政法学院全面实施课程改革的一个重要环节——在授课方式上采取"双课堂模式"，即将传统的课堂授课模式与网络教学平台优势相

结合，在充分发挥传统的课堂教学优势的同时，积极充分发挥网络教学的便捷性、交互性和主动性，依托"中国知识产权远程网络教育平台"（广东省知识产权远程教育分平台），同学们可以根据自己的时间自主选课，按进度要求完成网络在线学习。

三、东莞理工学院开设"知识产权远程网络教育平台"课程的教与学方式

1. "知识产权远程网络教育平台"的教学（教师的作用）

为了进一步保障网络教学的质量，政法学院知识产权老师要开展以下教学工作：

（1）指导学生选课。政法学院老师依托"知识产权远程网络教育平台"，根据知识产权教学的总体教学计划和课程的难易程度，指导学生选课。

（2）指导学生阅读相关与课程有关的书籍，或指导学生购买相关书籍。

（3）政法学院根据选课同学们的需求，在固定教室、固定时间，安排教师对每门课程进行辅导、答疑。

（4）所有网络课程实施三考制：网上考试、下线的笔试和口试。

为了进一步保障网络教学的质量，政法学院知识产权老师要对相关课程进行下线笔试和口试。

网上考试：是指学生在学习每一门网络课程后，"知识产权远程网络教育平台"会组织相关课程的网上考试。

2. 学生参加"知识产权远程网络教育平台"的学习

学生依托"知识产权远程网络教育平台"开展自主学习，按照要求参加相关课程的考试。

东莞理工学院已经成为"中国知识产权远程网络教育平台"（广东省知识产权远程教育分平台）的加盟成员，所有选报法学（知识产权方向）第二学士学位专业的同学，根据自己的情况，可以在此平台上（http：//elearning. ciptc. org. cn/public/index？ v＝0&r＝0）选课。

（1）学校不统一安排上课时间和地点，学生根据自身时间在课程开放时间内利用网络完成学习任务。

（2）学生登录"中国知识产权远程网络教育平台"（http：//elearning. ciptc. org. cn/public/index？v=0&r=0）学习系统，根据法学（知识产权方向）第二学士学位专业的教学计划，自己选修相关课程，通过观看视频，完成相应作业、提问、讨论、考试等学习环节。学生需完整观看视频（学习进度达到100%）方能参加考试，否则取消考试资格。

3. 网络课程学习的成绩考核

（1）每一门课程学习结束后，由政法学院统一安排考试，采用网上在线考试方式，具体时间地点另行通知。

（2）在每一门课程的网上成绩公布后，网络成绩合格的同学，再参加由政法学院统一安排的笔试和口试，具体时间地点另行通知。

4. 课程成绩构成

综评成绩=视频观看（占5%）+网上平时作业（20%）+参加讨论（占5%）+网上考试（50%）+网下考试（教师笔试10%+口试10%），成绩合格，则可获得本课程学分，并计入课程学分。

四、东莞理工学院开设"知识产权远程网络教育平台"课程的课程计划

政法学院根据教务处有关学分的规定，即：16学时为1学分，和理工科学生必须掌握的知识产权法的知识结构，从"中国知识产权远程网络教育平台"（http：//elearning. ciptc. org. cn/public/index？v=0&r=0）所提供的课程中，为了同学们开设了七个《知识产权法》网络课程学习模块，共计11学分。

七大《知识产权法》网络课程模块如下：

模块一：专利文献

1. 课程内容

课程内容包括四门网络课程：

专利文献基础知识　　　　　　　　课程时长：150分钟（合3学时）

专利信息检索（2011版）　　　　课程时长：580分钟（合12学时）

中国因特网专利信息检索　　　　课程时长：90分钟（合2学时）

专利文献检索运用实例　　　　　课程时长：75分钟（合2学时）

2. 课程总学时：19学时

3. 课程学分：1学分

4. 课程具体内容见1

模块二：专利申请

1. 课程内容

课程内容包括四门网络课程：

专利代理实务　　　　　　　　　课程时长：1800分钟（合36学时）

发明和实用新型申请文件的撰写

　　　　　　　　　　　　　　　课程时长：135分钟（合3学时）

外观设计专利申请的审查及其案例

　　　　　　　　　　　　　　　课程时长：180分钟（合4学时）

实用新型专利申请的初步审查及其案例

　　　　　　　　　　　　　　　课程时长：180分钟（合4学时）

2. 课程总学时：47学时

3. 课程学分：3学分

4. 课程具体内容见1

模块三：专利申请实务

1. 课程内容

课程内容包括五门网络课程：

如何答复审查意见通知书　　　　课程时长：125分钟（合3学时）

外观设计专利　　　　　　　　　课程时长：750分钟（合15学时）

无效宣告请求书与意见陈述撰写

　　　　　　　　　　　　　　　课程时长：125分钟（合3学时）

专利电子申请　　　　　　　　　课程时长：240分钟（合5学时）

国际专利申请（PCT）基础知识

　　　　　　　　　　　　　　　课程时长：280分钟（合6学时）

2. 课程总学时：32学时

3. 课程学分：2学分

4. 课程具体内容见1

模块四：专利审查

1. 课程内容

课程内容包括三门网络课程：

发明专利申请与审查（代理人课程2013版）

　　　　　　　　　　　　　　课程时长：282分钟（合6学时）

复审无效基本知识（代理人课程2013版）

　　　　　　　　　　　　　　课程时长：200分钟（合4学时）

专利申请的审查程序及手续（代理人课程2013版）

　　　　　　　　　　　　　　课程时长304分钟（合6学时）

2. 课程总学时：16学时

3. 课程学分：1学分

4. 课程具体内容见1

模块五：专利诉讼

1. 课程内容

课程内容包括四门网络课程：

专利权的无效宣告程序及行政诉讼程序

　　　　　　　　　　　　　　课程时长：180分钟（合4学时）

专利权无效宣告程序中与证据有关的问题

　　　　　　　　　　　　　　课程时长：180分钟（合4学时）

外观设计的无效宣告　　　　　课程时长：180分钟（合4学时）

专利无效典型案例　　　　　　课程时长：180分钟（合4学时）

2. 课程总学时：16学时

3. 课程学分：1学分

4. 课程具体内容见1

模块六：涉外知识产权

1. 课程内容

课程内容包括七门网络课程：

美国专利诉讼流程介绍　　　　课程时长：33分钟（合1学时）

知识产权的国际保护　　　　　课程时长：600分钟（合12学时）

企业专利的运用和有效保护　　课程时长：200分钟（合4学时）

松下知识产权管理　　　　　　　课程时长：200 分钟（合 4 学时）

美国专利基础知识（一）　　　　课程时长：180 分钟（合 4 学时）

美国专利基础知识（二）　　　　课程时长：180 分钟（合 4 学时）

美国专利基础知识（三）　　　　课程时长：180 分钟（合 4 学时）

2. 课程总学时：33 学时

3. 课程学分：2 学分

4. 课程具体内容见 1

模块七：中国企业国际化面临的知识产权问题

1. 课程内容包括五门网络课程

中国企业国际化面临的专利问题（一）

　　　　　　　　　　　　　　　课程时长：180 分钟（合 4 学时）

中国企业国际化面临的专利问题（二）

　　　　　　　　　　　　　　　课程时长：180 分钟（合 4 学时）

中国企业国际化面临的专利问题（三）

　　　　　　　　　　　　　　　课程时长：180 分钟（合 4 学时）

中国企业国际化面临的专利问题（四）

　　　　　　　　　　　　　　　课程时长：180 分钟（合 4 学时）

中国企业国际化面临的专利问题（五）

　　　　　　　　　　　　　　　课程时长：180 分钟（合 4 学时）

2. 课程总学时：20 学时

3. 课程学分：1 学分

4. 课程具体内容见 1

五、东莞理工学院开设"知识产权远程网络教育平台"课程的课程简介

模块一：专利文献

1. 课程名称：专利文献基础知识

开课单位：中国知识产权远程网络教育平台培训中心总站 2015 年培训班

课程介绍：本课程为广大学员以零起点的角度详细介绍了专利文献的基本知识，其中包括专利文献基本概念、专利说明书种类及代码、专利文献编号、专利族与同族专利以及专利分类知识。同时在全球化的大背景下，为帮助学员开阔视野、了解国际专利文献的知识，授课老师还介绍了国际上主要国家和组织的专利文献情况。

课程时长：150 分钟（合 3 学时）

课程链接：http：//elearning. ciptc. org. cn/public/site/classcourse/highsearch/tree/3641/46

2. 课程名称：专利信息检索（2011 版）

开课单位：中国知识产权远程网络教育平台培训中心总站 2015 年培训班

课程介绍：开设这门"专利文献与信息"网络课程的宗旨是坚持理论与实际相结合并以实用为主，较为全面系统地介绍了专利文献与信息的基本知识、专利文献信息的数据库以及检索系统、如何在因特网上检索专利文献等，达到了普及与提高的目的。此门课程为学者了解、掌握、运用专利文献，准确、迅速地获得专利文献提供了帮助，起到了导航的作用。此门课程可作为专利部门、厂矿企业、科研单位、大专院校、经济贸易单位、信息部门和专利代理机构的管理人员、科技人员、师生员工、情报人员、专利代理人学习专利文献与信息检索的工具。

课程时长：580 分钟（合 12 学时）

课程学分：2 学分

课程链接：http：//elearning. ciptc. org. cn/public/index？ v＝0&r＝0

3. 课程名称：中国因特网专利信息检索

开课单位：中国知识产权远程网络教育平台培训中心总站 2015 年培训班

课程介绍：本课程由浅入深地介绍了中国因特网专利信息检索的相关知识。授课老师首先对专利信息检索的基本知识进行概述；随后对因特网中国专利信息检索系统进行了详细介绍，其中涉及国家知识产权局政府网站专利信息检索、专利信息服务平台试验系统和中国专利信息中心专利检索系统；最后为帮助学员在实际工作中更好地利用因特网进行检索，老师还介绍了因特网中国专利信息检索的相关案例。

课程时长：90 分钟（合 2 学时）

课程链接：http：//elearning. ciptc. org. cn/public/index？v＝0&r＝0

4. 课程名称：专利文献检索运用实例

开课单位：中国知识产权远程网络教育平台培训中心总站 2015 年培训班

课程介绍：本课程通过实例向广大专利工作者讲述如何完成专利文献信息检索。授课老师首先介绍了专利文献信息检索基本知识，其中包括专利文献信息检索定义、种类和途径；然后重点介绍技术主题查全检索、技术主题查准检索和专利权利人检索三种专利文献信息检索，包括它们的应用范围、基本要素、基本步骤。在课程中老师还具体分析了若干实际案例，帮助同学们理解知识。

课程时长：75 分钟（合 2 学时）

课程链接：http：//elearning. ciptc. org. cn/public/site/classcourse/highsearch/tree/3641/46

模块二、专利申请

1. 课程名称：专利代理实务

开课单位：中国知识产权远程网络教育平台培训中心总站 2015 年培训班

课程介绍：随着专利事业的发展，专利代理人的专利代理业务范围也由简及繁。在专利制度实施初期，专利代理业务主要是办理专利申请事务，后来增加了与专利复审和专利权无效宣告请求审查有关事务，近来专利侵权诉讼案件逐年快速增长，从而对专利代理行业提出了更高的要求。为适应开展专利代理工作的需要，了解专利代理的具体操作流程和实务，故开设此门课程。

课程时长：1800 分钟（合 36 学时）

课程学分：3 学分

课程链接：http：//elearning. ciptc. org. cn/public/site/classcourse/highsearch/tree/3641/47

2. 课程名称：发明和实用新型申请文件的撰写

开课单位：中国知识产权远程网络教育平台培训中心总站 2015 年培训班

课程介绍：课程着重从实务的角度，详细讲述说明书及其摘要的撰写要求，权利要求书的撰写要求。通过课程的学习和课下具体发明专利和实务新型专利的申请文件的实际撰写，同学们要对发明和实用新型申请文件的撰写有一个更高水平的把握。

课程时长：135 分钟（合 3 学时）

课程学分：0.5 学分

课程链接：http：//elearning. ciptc. org. cn/public/site/classcourse/highsearch/tree/3641/47

3. **课程名称：外观设计专利申请的审查及其案例**

开课单位：中国知识产权远程网络教育平台培训中心总站 2015 年培训班

课程介绍：本课程主要是结合相关案例，介绍了国家知识产权局对外观设计专利申请的审查事项。

课程时长：180 分钟（合 4 学时）

课程学分：0.5 学分

课程链接：http：//elearning. ciptc. org. cn/public/site/classcourse/highsearch/tree/3641/47

4. **实用新型专利申请的初步审查及其案例**

开课单位：中国知识产权远程网络教育平台培训中心总站 2015 年培训班

课程介绍：本课程主要介绍实用新型的主要概念，实用新型专利概况，实用新型专利审查的主要内容。

课程时长：180 分钟（合 4 学时）

课程学分：0.5 学分

课程链接：http：//elearning. ciptc. org. cn/public/site/classcourse/highsearch/tree/3641/47

模块三、专利申请实务

1. **课程名称：如何答复审查意见通知书**

开课单位：中国知识产权远程网络教育平台培训中心总站 2015 年培训班

课程介绍：本课程主要介绍法、细则及指南的有关规定，审查意见通知书，答复时长用的相关表格，正确理解审查员的意图，对审查意见通知书的答复，答复时应注意的问题。

课程时长：125 分钟（合 3 学时）

课程学分：0.5 学分

课程链接：http：//elearning. ciptc. org. cn/public/site/classcourse/highs earch/tree/3641/47

2. 课程名称：外观设计专利

开课单位：中国知识产权远程网络教育平台培训中心总站 2015 年培训班

课程介绍：本教程是对专利法及其实施细则第三次修改之前中有关外观设计的规定进行的诠释，对外观设计专利知识从外观设计专利制度的起源、我国的外观设计专利制度以及与外观设计专利相交叉的知识产权逐一进行了介绍。本教程共有六章，内容涉及外观设计专利基础知识、外观设计专利申请、外观设计专利申请的审查与授权、外观设计专利与其他知识产权、外观设计专利表格填写及费用期限相关知识、外观设计图片或照片示范图例等，是外观设计专利的基础课程，适用于初学者或者需要对外观设计专利知识进行全面了解的业内人士。

课程时长：750 分钟（合 15 学时）

课程学分：1 学分

课程链接：http：//elearning. ciptc. org. cn/public/site/classcourse/highs earch/tree/3641/47

3. 课程名称：无效宣告请求书与意见陈述撰写

开课单位：中国知识产权远程网络教育平台培训中心总站 2015 年培训班

课程介绍：本课程介绍专利实质审查中非无效宣告请求书，正确选择请求宣告专利权无效的法律依据，针对无效宣告请求书的意见陈述书，涉及无效宣告请求书和相应意见陈述书的案例。

课程时长：125 分钟（合 3 学时）

课程学分：0.5 学分

课程链接：http：//elearning. ciptc. org. cn/public/site/classcourse/highs earch/tree/3641/47

4. 课程名称：专利电子申请

开课单位：中国知识产权远程网络教育平台培训中心总站 2015 年培训班

课程介绍：本课程主要介绍了中国专利电子申请系统的使用方法，申请流程及注意事项。

课程时长：240 分钟（合 5 学时）

课程学分：0.5 学分

课程链接：http：//elearning. ciptc. org. cn/public/site/classcourse/highsearch/tree/3641/47

5. 课程名称：国际专利申请（PCT）基础知识

开课单位：中国知识产权远程网络教育平台培训中心总站 2015 年培训班

课程介绍：本课程主要介绍了专利合作条约的概述，SIPI 作为受理局的职能，PCT 申请的国际检索程序，国际公布及国际局的职责，PCT 申请的国际初步审查程序，PCT 申请的其他程序，PCT 申请的费用，PCT－SAFE 电子申请。

课程时长：280 分钟（合 6 学时）

课程学分：0.5 学分

课程链接：http：//elearning. ciptc. org. cn/public/site/classcourse/highsearch/tree/3641/40

模块四、专利审查

1. 课程名称：发明专利申请与审查（代理人课程 2013 版）

开课单位：中国知识产权远程网络教育平台培训中心总站 2015 年培训班

课程介绍：第一章发明创造与专利保护；第二章新颖性与创造性审查；第三章发明专利申请质量审查；第四章审查意见通知书。

课程时长：282 分钟（合 6 学时）

课程学分：0.5 学分

课程链接：http：//elearning. ciptc. org. cn/public/index？v＝0&r＝0

2. 课程名称：复审无效基本知识（代理人课程 2013 版）

开课单位：中国知识产权远程网络教育平台培训中心总站 2015 年培

训班

课程介绍：专利无效概要、专利申请的复审、专利权的无效宣告请求、口头审理。

课程时长：200 分钟（合 4 学时）

课程学分：0.5 学分

课程链接：http：//elearning. ciptc. org. cn/public/index？v=0&r=0

3. 课程名称：专利申请的审查程序及手续（代理人课程 2013 版）

开课单位：中国知识产权远程网络教育平台培训中心总站 2015 年培训班

课程介绍：专利申请审查程序及手续。

课程时长：304 分钟（合 6 学时）

课程学分：1 学分

课程链接：http：//elearning. ciptc. org. cn/public/index？v=0&r=0.

模块五、专利诉讼

1. 课程名称：专利权的无效宣告程序及行政诉讼程序

开课单位：中国知识产权远程网络教育平台培训中心总站 2015 年培训班

课程介绍：专利无效概述，无效宣告请求的审查，专利无效口头审理，无效宣告程序中的证据问题，专利无效宣告请求书及意见陈述书。

课程时长：180 分钟（合 4 学时）

课程学分：0.5 学分

课程链接：http：//elearning. ciptc. org. cn/public/site/classcourse/highsearch/tree/3641/44

2. 课程名称：专利权无效宣告程序中与证据有关的问题

开课单位：中国知识产权远程网络教育平台培训中心总站 2015 年培训班

课程介绍：证据概述，原被告承担的基本举证责任，对几类证据的认定，有关几类事项的证据，诉讼过程中提交的新证据，申请法院调查取证。

课程时长：180 分钟（合 4 学时）

课程学分：0.5 学分

课程链接：http：//elearning. ciptc. org. cn/public/site/classcourse/highs earch/tree/3641/44

3. 课程名称：外观设计的无效宣告

开课单位：中国知识产权远程网络教育平台培训中心总站 2015 年培训班

课程介绍：主要讲述了《专利法》的第二十三条第一、二、三款。

课程时长：180 分钟（合 4 学时）

课程学分：0.5 学分

课程链接：http：//elearning. ciptc. org. cn/public/site/classcourse/highs earch/tree/3641/44

4. 课程名称：专利无效典型案例

开课单位：中国知识产权远程网络教育平台培训中心总站 2015 年培训班

课程介绍：本次课程，我们特邀请北京市高级人民法院知识产权庭石必胜法官为大家深入讲解其中的三个无效典型案例，希望通过这些案例的梳理，总结法官在审理案件时的审判标准、裁判方法和司法政策。

课程时长：180 分钟（合 4 学时）

课程学分：0.5 学分

课程链接：http：//elearning. ciptc. org. cn/public/site/classcourse/highs earch/tree/3641/44

模块六、涉外知识产权

1. 课程名称：美国专利诉讼流程介绍

开课单位：中国知识产权远程网络教育平台培训中心总站 2015 年培训班

课程介绍：美国专利诉讼流程介绍。

课程时长：33 分钟（合 1 学时）

课程学分：0.5 学分

课程链接：http：//elearning. ciptc. org. cn/public/site/classcourse/highs earch/tree/3641/44

2. 课程名称：知识产权的国际保护

开课单位：中国知识产权远程网络教育平台培训中心总站 2015 年培

训班

课程介绍："知识产权的国际保护"是知识产权法律制度的重要功能，也是促使知识产权法律制度在全球范围内建立并逐步趋于一致的重要动因。从一定意义上说，包括中国在内的许多国家的知识产权法律制度就是在知识产权国际保护活动的推动与压力之下建立起来的。因此，要想真正理解知识产权保护的原则与规则，从而在实际生活中正确运用它们来保护自己的利益，并最大限度地避免与他人的利益发生冲突，对知识产权国际保护方面的知识有基本的了解与把握就成了必不可少的步骤。本课程开设的目的就是引导学生深入浅出地认识、理解和逐步把握知识产权国际保护的一些制度、原则及规则，以及知识产权国际保护与国内保护之间的关系。本课程目前共设七章，包括知识产权国际保护体系、工业产权国际保护的基本规范、版权与邻接权国际保护的基本规范、世界知识产权组织的两个新条约、世界贸易组织体系之下的知识产权保护、集成电路布图设计保护及驰名商标保护等内容。除第一章对知识产权国际保护体系所作的总体介绍外，其他各章都是以国际公约或条约为核心，对知识产权国际保护制度及相关的原则与规则进行介绍、分析与评价。

课程时长：600 分钟（合 12 学时）

课程学分：1 学分

课程链接：http：//elearning. ciptc. org. cn/public/site/classcourse/highsearch/tree/3641/44

3. 课程名称：企业专利的运用和有效保护

开课单位：中国知识产权远程网络教育平台培训中心总站 2015 年培训班

课程介绍：企业专利的运用和有效保护。

课程时长：200 分钟（合 4 学时）

课程学分：0. 5 学分

课程链接：http：//elearning. ciptc. org. cn/public/site/classcourse/highsearch/tree/3641/40

4. 课程名称：松下知识产权管理

开课单位：中国知识产权远程网络教育平台培训中心总站 2015 年培训班

课程介绍：介绍松下知识产权的管理经验，本课程主要内容：其一，介绍 Panasonic；其二，panasonic 的知识产权概况；其三，Panasonic 的知识产权管理经验。

课程时长：200 分钟（合 4 学时）

课程学分：0.5 学分

课程链接：http：//elearning. ciptc. org. cn/public/site/classcourse/highsearch/tree/3641/40

5. 课程名称：**美国知识产权制度系列公开课第一讲——美国专利基础知识（一）**

开课单位：中国知识产权远程网络教育平台培训中心总站 2015 年培训班

课程介绍：介绍美国专利的基础知识，包括美国专利的种类、申请流程、专利撰写、美国专科检索。

课程时长：180 分钟（合 4 学时）

课程学分：0.5 学分

课程链接：http：//elearning. ciptc. org. cn/public/index？v=0&r=0

6. 国知识产权制度系列公开课第二讲——**美国专利基础知识（二）**

开课单位：中国知识产权远程网络教育平台培训中心总站 2015 年培训班

课程介绍：起草专利申请说明书，专利授予程序，对书面描述和赋能性驳回的描述，对不确定性驳回的答复。

课程时长：180 分钟（合 4 学时）

课程学分：0.5 学分

课程链接：http：//elearning. ciptc. org. cn/public/index？v=0&r=0

7. 国知识产权制度系列公开课第三讲——**美国专利基础知识（三）**

开课单位：中国知识产权远程网络教育平台培训中心总站 2015 年培训班

课程介绍：美国发明法案和专利法改革历史，对专利申请提出质疑的机制以及其他更改。

课程时长：180 分钟（合 4 学时）

课程学分：0.5 学分

课程链接：http：//elearning. ciptc. org. cn/public/index？v=0&r=0

模块七：中国企业国际化面临的知识产权问题

1. 课程名称：中国企业国际化面临的专利问题（一）

开课单位：中国知识产权远程网络教育平台培训中心总站 2015 年培训班

课程介绍：专利不侵权保证条款，专利侵权保证赔偿条款，起诉之后，提问与答疑。

课程时长：180 分钟（合 4 学时）

课程学分：0.5 学分

课程链接：http：//elearning. ciptc. org. cn/public/index？v=0&r=0

2. 课程名称：中国企业国际化面临的专利问题（二）

课程介绍：国际技术（以专利为代表）的许可方式，即专利技术许可。

课程时长：180 分钟（合 4 学时）

课程学分：0.5 学分

课程链接：http：//elearning. ciptc. org. cn/public/index？v=0&r=0

3. 课程名称：中国企业国际化面临的专利问题（三）

开课单位：中国知识产权远程网络教育平台培训中心总站 2015 年培训班

课程介绍：邀请美国飞翰律师事务所合伙人律师就"自有品牌中国企业如何防止和应对专利诉讼"进行分析、讲解。

课程时长：180 分钟（合 4 学时）

课程学分：0.5 学分

课程链接：http：//elearning. ciptc. org. cn/public/index？v=0&r=0

4. 课程名称：中国企业国际化面临的专利问题（四）

开课单位：中国知识产权远程网络教育平台培训中心总站 2015 年培训班

课程介绍：介绍中国企业国际化面临的专利问题——美国专利诉讼、美国专利流氓及其应对措施。

课程时长：180 分钟（合 4 学时）

课程学分：0.5 学分

课程链接：http：//elearning. ciptc. org. cn/public/index？v=0&r=0

5. 课程名称：中国企业国际化面临的专利问题（五）

开课单位：中国知识产权远程网络教育平台培训中心总站 2015 年培训班

课程介绍：介绍中国企业国际化面临的专利问题——美国 ITC 的知识产权行政保护措施和 337 调查。

课程时长：180 分钟（合 4 学时）

课程学分：0.5 学分

课程链接：http：//elearning. ciptc. org. cn/public/index？v＝0&r＝0

第五章　法学人才培养模式创新：基于导入公共管理学的途径①

过去法学专业化教育备受追捧，然而随着经济全球化的不断发展，对人才的要求不断提高，人们除了要熟练掌握自身的工作所需要的知识技能外，还需要对与工作相关的其他知识领域有所涉及，这样才能更好地胜任自己的本职工作和满足未来职业变化的需要，这也是高等教育改革的重要趋势和内容，由专业化教育转向通识教育，培养高素质的复合型人才。我国大量法学毕业生所从事的职业也要求熟悉公共管理原理和中国行政现状，因此法学人才培养不能仅仅局限于传授法学知识的现状，这样已经不能满足当前社会对法学人才的需求。然而，完全改变当前中国法学人才培养模式既没有必要也不现实。基于我院法学专业与行政管理专业已经开办数年的现实基础，我们展开导入公共管理学基础课程与技能的法学人才培养方式创新，拟开启培养"复合型法学人才"的实践探索。

一、问题的界定

随着当代社会的迅速发展，尤其是互联网时代的开启，社会关系变得更加复杂化和多样化，仅仅掌握单一的法学知识将难以处理纷繁复杂的实际案件和满足工作的需要，法学生的知识和能力的培养必须与时俱进。当前法学人才培养面临的主要矛盾是法学毕业生需要宽阔的知识视野与本科法学教育过于狭窄之间的矛盾。"法学专业是一门综合性极强的学科，新

---

① 本文是强昌文主持 2014 年广东省质量工程项目——法学专业综合改革（立项粤教高函〔2014〕97 号）研究成果。

世纪的法学人才应具备广博的知识储备，才能具有较强的应对能力和创新能力。因此，法学专业的学生还应广泛涉猎一些非法学专业的基础知识，掌握必要的自然科学知识、经济管理知识与人文类知识，以促使学生在未来的社会职业生活中能够游刃有余地处理和协调各种纷繁复杂的人与自然、人与社会的关系"①。

反观当今法学高等教育现状，法学人才培养还存在着一些明显的问题：

首先，在课程体系设计上过于狭隘。许多院校依然延续传统的强调专业化教育的法学课程体系，主要围绕法学学科的开设课程，对于部分通识性课程教育如社会研究方法、数理统计等，以及诸如管理、经济等相关学科知识与技能涉及不足。此外，实践类课程开设偏少，导致大多数学生只是学习了法学的基本理论知识，缺乏法律实务的基本训练，学生们的各项实践能力难以从课程体系中得到充分的提高，无法做到学以致用。目前，虽然部分学校也采用网络公选课弥补专业课程体系的不足，但由于这些公选课缺乏系统性导入和专业教师指导，学生从公选课所获知识和能力过于分散化和碎片化，加之部分公选课课程资源和课程数量都是年复一年地沿用，并没有进行更新和扩充，知识老化严重，使得学生在选修非法学专业课程上受到阻碍，难以学到法学之外的其他丰富知识。诸如社会调查、公文写作、演讲与口才等能够提高法学学生专业技巧和实践能力的课程很多学校并没有开设，甚至在公选课上也没有出现，从而严重影响到作为法学专业学生所必需的实践能力和综合素养的培养。

其次，学生社会调查与实证研究能力缺乏。许多高等学校对法学人才的培养主要围绕法学学科理论知识展开，在寒暑假时会提供一些律师事务所的实习机会给部分学生，可是这些实习只是做一些基础性的法律文书工作。虽然实习使学生能够利用到课堂上所学习到的法学知识，但由于缺乏对学生开展社会调查研究和实证研究能力的培养，因而学生在日后工作中面对所从事职业需要开展实证性和反思性研究的创新思维与能力不足。目前掌握社会调查的基本能力和技巧已经逐渐成为法学专业学生所必需的能

---

① 郭捷.建设培养模式创新实验区 提高法学人才培养质量［J］.法学教育研究，2011，(2)：75-90+345.

力之一，法学专业必须培养学生能在不确定条件下根据调查目的、遵循客观事实和主观无涉原则，合理权衡调查信度与效度，专业知识与实证工具相结合，选择恰当的社会调查方案和形成科学调查结论的能力。更为重要的是，针对法学专业学生进行社会调查与实证研究的训练，不仅能够使其具备开展调研项目的能力，而且能够激发学生持续关注社会、发现社会问题、解决社会问题的热情，从而在更深层次上强化法学人才的社会责任意识。

再者，单纯法学教育易导致思维存在局限性。单纯以掌握法律专业知识为目的的法学教育存在的明显局限性，故发达国家对于法学人才通常要有非法学的学历背景。以著名的彭宇案为例，彭宇案在作出一审判决后，产生许多争议，"彭宇案的判决理由引起了人们如此激烈的批评，问题不在于案件的事实认定和法律判决，而在于其推理过程对于社会情理的公然扭曲和截然违背"①。这正是单纯法学教育导致思维局限性的表现，该案法官从单一法理出发去审理案件，过度推崇自由心证，而忽视了社会情理的合理性和判决结果对于社会造成的深远影响。不可否认，基于规范论的法教义学所塑造的当下法条主义思维模式，在大陆法系国家具有重要的地位，但毋庸讳言，其作为法学思维类型存在自身的局限性，目前亟须冲破传统法学教育的那种就法论法的局限性，超越学科之间的藩篱，充分借鉴经济学、管理学和社会学等学科理论与研究方法，开辟法学研究与法学人才培养的新路径。

概而言之，当今社会快速发展的形势，要求法学毕业生必须具有宽阔的知识视野，这样才能处理纷繁复杂的社会关系和法律案件，而按照现有的法学人才培养模式培养出来的法学毕业生，已明显不具备社会需要的知识视野和能力。目前许多高校法学人才培养模式问题，实质上是将本科法学人才培养等同于法学学术教育，本科法学人才培养应是面向就业市场，仅局限于法学学术教育显然无法满足市场的需求，现代社会需要具备多项能力和综合素质的复合型法学人才，

---

① 刘帅. 法官司法理念探析——"彭宇案"引发的思考 [J]. 四川理工学院学报（社会科学版），2013，（1）：82-86.

二、法学人才培养导入公共管理学的必要性

在法学人才培养模式已不能适应当今时代发展需要的情况下，导入公共管理学部分课程内容和技能训练，对于法学人才培养显得更加必要和迫切，具体原因如下：

（一）众多毕业生从事行政工作需要相关技能

随着当今时代的发展，从业选择对所学专业的依赖逐渐降低，一个人所能胜任的工作不仅仅是由其专业所决定的。如果一名哲学专业的学生能写出一篇概念清晰、行文流畅、论证扎实的论文，他所掌握的写作技巧足以让他胜任一份文案工作；如果一名理工科学生发散性思维极强，能够在头脑中构造出很多有趣的"思想实验"，那么他的这种能力便能帮助他从事编剧、文学创作甚至游戏开发。因此，决定一个人职业选择的除了个人兴趣爱好之外，就是个人的综合能力，而不再是专业本身。法学与政治学有着共同的渊源，学习法律的人从事行政工作有着一定的天然可能性，法律培养的社科能力同样也非常适用于现代行政工作，在这两种因素的共同决定下，法学毕业生选择从事与行政相关工作的概率便会大大提高。"法学专业学生毕业后在就业选择上，调查结果表明首选是报考公务员这个具有稳定性的职业"[①]，中国政法大学的"2009年法学毕业生选择考取研究生、机关单位、基层单位、国有企业的比例分别是32.75%、14.09%、7.2%、6.74%，2010年毕业生选择考取研究生、机关单位、基层单位、国有企业的比例分别是34.85%、9.99%、5.3%、9.73%"[②]。可见法学毕业生除了选择考研深造外，在就业选择上多趋向于机关和基层等行政类工作。法学毕业生选择行政类工作必然需要相关的知识技能，因此导入公共管理课程以便于将来能更好地从事行政工作，对法学人才培养而言非常

---

① 朱林，邓荣华. 关于法学专业学生就业的调查报告［J］. 江苏警官学院学报，2006，（3）：184-187.

② 康伶俐. 中国法学本科毕业生就业问题研究［D］. 北京：中国政法大学，2011.

必要。

（二）众多法律工作要求熟悉中国行政原理和现状

行政法本身就是我国法律体系当中一个重要的法律部门，并且与其他普通部门法有着形式和内容上的明显不同。行政法范围广泛、内涵丰富，主要是由于现代国家的行政活动范围极为广泛，不仅包括传统的国防、外交、公安、民政、工商、税务和司法行政等领域，而且扩展到了社会福利、环境保护及国民经济建设等社会生活的新领域。因此，行政法的内容具有其他部门法无可比拟的丰富性，现代国家行政活动的广泛性使得在进行立法工作的时候很容易牵扯到与行政相关的问题，而这时候掌握一定的公共管理知识有利于提高立法效率、保证立法的准确性。尤其是在开展行政工作相关立法或公共政策制定时，更需要行政管理相关知识，因此，仅仅拥有法学专业理论知识和素养，并不能在以后的法律工作中游刃有余地解决问题，而导入公共管理课程的学习，对法学毕业生将来的法律工作也很有必要性。

（三）从事法学研究需要更新研究方法

在过往的法学研究中，大多数法学家往往采用规范法学的研究方法。规范法学具有明显的局限性，由于坚持一些源自西方法学的理论前提，这种研究过于注重演绎推理，也就是在自认为掌握了"真理""原理""基础理论"的前提下，对中国法律问题进行或批判、或建构、或解释的分析[①]。规范法学研究者也把本来属于社会科学整体的法学研究人为地与其他学科形成一定的沟壑，使得其与政治学、管理学和经济学等学科研究相互隔离，甚至出现了"老死不相对话"的局面。从陈瑞华对规范法学研究方法的阐述中，我们可以看出规范法学的研究存在的问题主要是局限于法律思维之内研究法律，这一局限性使得法学研究走入误区，严重阻碍了我国法学研究的进程。在这种情况下，一些学者已经提出"从法律之外看法律"的研究思路，倡导引入社会科学的研究方法。目前最需要导入的便是公共管理学科的社会调查和量化实证研究的方法。调查研究可以迅速、高

---

① 陈瑞华. 法学研究方法的若干反思［J］. 中外法学，2015，（1）：22—28.

效地提供有关某一总体的丰富的资料和详细的信息，在了解和掌握不断变动的社会现象方面具有很大的优越性，能够较好地应用于我国目前立法变动完善快速的现状。实证研究要求研究者深入实地收集观察资料，是以事实为依据对法律法规进行研究和批判，与法律规范研究方法的以理论为前提和依据截然相反，其研究内容具有更高的可信度和价值。

（四）从国际经验来看，许多国家政要出自律师

放眼发达国家，众多政要是律师出身，以资本主义强国美国为例，美国总统作为国家元首，从美国首任总统华盛顿到现任总统奥巴马，共计44届、43位总统，其中有26位是律师出身。除此之外，菲律宾民主运动领袖阿基诺夫人曾经也做过律师，巴勒斯坦伊斯兰抵抗运动主席哈尼亚也曾经是一名律师，还有一些著名政治人物，例如罗伯斯庇尔（法国大革命领袖）、阮友寿（越南南方民族解放阵线中央委员会主席团主席）等也是律师出身。在国外，之所以许多政要出身律师，是因为律师普遍具有较高的政治素质和国家治理视野，但国外对律师的培养模式不同于我们国内，国外律师学习的知识范围更为广阔，在职业发展方面有着更为苛刻的要求，这使得他们能够胜任政要一职。未来我国依法治国和依法行政将成为国家治理的基石，必然会有更多的法律人才走上公共管理岗位，因此目前有必要在法学人才培养方面导入公共管理学，从而培养具有高素质的卓越法律人才。

（五）现代法学人才的职业生涯变迁需要

从职业生涯发展来看，法学毕业生在选择职业的时候便倾向于公共管理类专业。法学毕业生即使毕业时从事纯粹法律工作，鉴于目前很多律师也非常积极地参政议政和参与公共事务管理等，故在其将来职业变换时，选择公共管理类工作的可能性也会非常大。此外，部分法学毕业生会随着职务升迁，工作内容和形式将与公共管理活动更为密切，这样职业升迁的例子屡见不鲜。即使在为企业服务的时候，诸如为企业做法律顾问等，而非直接从事公共行政工作，也必然会遇到各种行政管理和经济管理类问题。这些工作不可避免要与政府打交道，因为对于市场秩序管理和实行宏观调控本身就是政府的重要职能之一。因此，从职业生涯发展路径来看，

导入公共管理学知识技能对法学人才培养同样很有必要。

三、法学人才培养导入公共管理学的可行性

我国法学人才培养模式固然存在一定的问题，但整体上还是比较有效的，因此，完全改变目前中国法学人才培养模式现状没有必要，而且也不现实。中国许多高校法学人才培养模式沿袭到今天，培养了大批法律精英人才，有其特有的优势所在，因此，完全颠覆现有的法学人才培养模式是没有必要的。如果颠覆现有的法学人才培养模式，则必然要有一种新的人才培养模式来替代，然而确定新的人才培养模式需要多方面的综合考虑和衡量，牵扯到与其相关的一系列的变更，诸如学制设置、入学条件和毕业标准等问题，故根本不现实。所以在法学人才培养模式整体比较有效的情况下，对其存在的问题更适宜进行相应的修正式优化，即法学人才培养模式创新导入公共管理学内容。在众多的社会科学门类中之所以选择导入公共管理学课程，主要是因为公共管理学与法学有着密切的联系。

（一）两者之间存在天然的联系

从学科起缘而言，公共管理属于政治学、法学和管理学等多学科所衍生出来的新兴学科，两者存在天然联系。美国著名学者罗森布洛姆（Rosenbloom）认为，"公共管理是运用管理的、政治的、法律的理论和程序，执行立法、行政和司法部门的命令，向社会整体和局部提供规制和服务"。从公共管理的不同功能视角来看，其包含三个相关的研究取向，"有些人把它看作是一种管理行为，与私营部门的实践相似，即管理取向；有些人强调它的公共性和政治性，即政治取向；还有些人突出公共管理当中主权、机构和规制的重要性，把它看成是明显的法律事务，即法律取向"[①]。从学者罗森布洛姆（Rosenbloom）对公共管理的界定和公共管理功能视角的三个取向可以看出，公共管理在提供社会公共服务的同时会运用

---

① 薛澜，彭宗超，张强．公共管理与中国发展——公共管理学科发展的回顾与前瞻［J］．管理世界，2002，（2）：43-56+153.

到法律的理论和程序，公共管理的机构和规制在法律取向的视角下可以看作是明显的法律事务，这说明公共管理带有法律的色彩，和法学之间有着天然的联系。这种联系提升了公共管理类组织对于法学毕业生的需求，也为法学毕业生从事公共管理提供了便利，降低了入职的门槛，但从事公共管理工作也需要法学毕业生掌握公共管理学一些基本知识和技能，便于法学毕业生更好地理解和掌握公共管理相关的知识。

（二）公共管理有助于完善法学人才培养

公共管理学科诸多理论与方法兼具价值理性与工具理性，对于完善法学人才培养非常有益。马克斯·韦伯将人的理性分为两种：价值理性和工具理性。价值理性是指通过有意识地对一个特定的举止——伦理的、美学的、宗教的或作任何其他阐释的——无条件的固有价值的纯粹信仰，不管是否取得成就。所谓工具理性则指"通过对外界事物的情况和其他人的举止的期待，并利用这种期待作为'条件'或者'手段'，以期实现自己合乎理性所争取和考虑的作为成果的目的"①。以中国的经济发展为例，在过去我们是一个贫穷落后的国家，小康社会成了所有人的期盼，于是我们选择以经济发展为中心，为了追求经济的增长，穷尽所有手段和方法，这便是工具理性的体现。尽管所采用的方法损害了其固有价值即在经济增长过程中对环境造成污染、引发雾霾等一系列问题而影响了人们的小康生活质量，但毕竟经济增长的目标实现了，而价值理性就在于我们意识到公众生活的幸福才是唯一的目标，于是我们把其作为价值信仰的追求，开始对排污企业进行整治，虽然这种整治会影响经济的增长速度，却是有必要的。对于法学人才培养而言，传统法学教育更加强调价值理性和制度理性，一定程度上导致法学专业毕业生知识体系和技能不够完备或有些薄弱，如果仅仅拥有扎实的法学专业理论，就可能在视野上有所欠缺或工具理性不足。公共管理诸多理论与方法则兼具价值理性和工具理性，有助于法学教育培养具有更高素质、更广阔视野和更擅长解决具体实际问题的法学人才，有助于法学人才培养模式的完善。

---

① ［德］马克斯·韦伯. 经济与社会（上卷）［M］. 北京：商务印书馆，1998.

（三）实际实施的可行性较强

从实践可行性而言，国内许多院校法学专业与行政管理专业均属于人文科学学院或政法学院，师资和课程整合方面操作上具有较大便利性。以笔者所在学院为例，政法学院①作为东莞理工学院下辖的二级学院，开设法学专业和行政管理专业已经数年，两个专业在同一个学院，且都面向对方开设辅修课程，在师资和课程资源等方面都具有较大的便利性，因此，将部分公共管理类课程导入法学人才培养计划中也比较可行。

四、公共管理与法学人才培养路径

为此，我们展开法学人才培养导入公共管理学部分课程内容与能力探索，具体路径可以从以下方面入手：

（一）导入部分公共管理学基础课程

基于导入公共管理学途径的法学人才培养模式创新，首先是将公共管理学基础课程引入法学课程体系，如管理学原理、公共行政学、组织行为学、统计学原理和社会调查方法等公共管理学基础课程可以优先考虑。法学学生通过对该类基础课程的学习，不仅能够了解公共管理基本原理和运行机制，掌握公共管理基本技能，而且能够开阔知识视野，学会从多学科角度分析和思考问题。在具体课程内容安排上和公共管理学课程所占比例等一系列问题上，可以建立专门的教学研究团队，结合学校法学人才培养目标以及公共管理学课程资源进行深入的具体研究分析。要通过系统化和规范化的论证，确定公共管理学课程如何在法学人才培养方案中进行设置。在导入公共管理学课程时必须要注意以下问题：一是培养方案的设计并不是一劳永逸的事情，当今时代迅速发展，大环境变化迅速，要对外界的变化具有高度的敏感性，从变化中把握时代的脉搏，因此培养方案也要

---

① 政法学院目前已经更名为法律与社会工作学院（知识产权学院），设置法学、行政管理和社会工作三个专业。

随着外部环境的变化而不断改进和更新，以适应时代的变化，培养出社会需要的人才。二是学生在同时对法学和公共管理学课程进行学习时，因为接触到课程知识面比较广阔，而且可能会出现迷惑，他们难以将这些课程知识有机地体系化，甚至出现对于公共管理学基本理论知识学习不扎实，又缺乏深度的现象，这就完全违背了人才培养的初衷。因此在设计培养方案的时候要特别注明这些课程与人才培养目标之间关系，并且应注明必须学习和掌握基础理论知识。在此的基础上，可以给予学生一定的自由度，根据自身兴趣和需求选修一些公共管理学课程。三是培养方案的设计要结合学生的学习能力。导入公共管理学基础课程固然对于法学人才培养具有重要价值，有助于增强学生的实操能力，提高综合素养，但也要注意学生的接受能力和学习强度，因此，设计法学人才培养方案的时候应注意避免可能会出现"遍地黄金都想给"的情况。在考虑到学生的学习能力情况下必须有所取舍，注意课程设计量的问题，否则会出现适得其反的情况。

（二）建立相应的优秀师资团队

"再好的培养模式充其量也只是一种工艺设计，必须有第一流的工程师将其付诸实施才行"[①]。想要通过导入公共管理学培养出复合型的卓越法学人才，必须有相应的优秀师资团队，能够整合公共管理学和法学专任教师的力量。因为如果只是单纯地导入公共管理学课程，完全由公共管理学专业教师讲解，法学课程依然由法学教师讲解，容易出现"两张皮"的问题，不能将两个学科所学内容有机联系起来。这种"填鸭式"的教学方法也只会让学生处于被动学习的局面，并不能促进学生对两门课程知识之间相关联系的融会贯通和触类旁通，使得学生的学习积极性和学习效率大幅度降低。一门课程应由公共管理学和法学教师共同承担，力争出现的局面是教师能够在讲授法学知识的时候可以引导学生用公共管理学的视角进行全新思考，同时应注意促使学生由被动接受知识变为主动学习知识，真正促进学生对两类课程能够深入理解和融会贯通。因此，培养出相应的优秀教师团队同样重要，注重培养教师对于法学和公共管理学的通识性。具体来说，团队优秀教师应当具备以下两种素质：一是注重两门学科的动态知

---

① 吴铸新 . 关于人才培养模式改革的思考［J］. 交通高教研究，1998，（4）：18.

识储备。只有对两门学科知识都有所涉猎才能在必要时给予学生一定的引导思考，这个要求老师必须对自己的知识不断更新，对于部分要掌握两类学科相关知识的教师来说其要求更高。二是要具有创新性的教学能力。导入公共管理学对于法学人才本身就是教学模式的一大创新，固守传统的教学理念和方法则不利于该模式对人才的培养，因此教师要具有创新教学方法的能力，敢于创新，大胆创新，探索出真正与之相匹配的教学体系和教学方法。

（三）注重引入公共管理学的实证方法

法学研究固有的规范研究方法弊端日益凸显，严重阻碍了法学研究的进程，在法学研究中引入公共管理学已经成熟的研究方法，有利于拓宽法学人才方法论视野和增强处置实际问题能力。从法学研究而言，"法学研究者可以借助于其他社会科学的成熟方法来对法律问题展开全新的研究，将法学研究拉回到社会科学研究的主流轨道。每一种社会科学都有自己特有的研究方法，如社会学方法、人类学方法、经济学方法、政治学方法等。研究者运用这些方法所进行的法学研究，可形成一种新的法学研究方法，如法社会学、法人类学、法经济学、法律政治学等"[1]。从社会治理而言，引入新的研究方法可以开阔法学人才的思维视野，创造出新的解决问题的方法。比如公共管理学要求在遵循法律原则的情况下，同时要关心民众的诉求，然而对民众诉求的关心又可能触犯法律，如何实现两者兼得往往需要执法者、法官乃至于法律政策制定者具备较高的综合素养，能够从多个学科领域汲取解决问题的灵感。诸如城市市容管理与摆摊谋生之间的冲突，以及电动车管制与公共交通安全的矛盾等。从司法实践而言，在2009年发生的青岛汉缆股份有限公司诉青岛松山机械有限公司商标侵权纠纷案中，法院通过引入社会调研方法进行司法证明，实现了两者的兼得。司法证明的传统方法主要包括询问、讯问、辨认、勘验、实验、搜查和鉴定等，但在此案中原告青岛汉缆股份有限公司诉被告青岛松山机械有限公司侵犯其商标权，原告为证明其所拥有的"汉河"商标在相关公众中的知晓程度更高，申请法院开展市场调查，法院便委托第三方调查公司实施了

---

① 陈瑞华. 法学研究方法的若干反思 [J]. 中外法学，2015，(1)：22-28.

调查。调查公司随后通过电话访问、实地拜访、定点拦截访问等不同的调研方法对"汉河"产品的企业用户、国内代理商和零售商、相关消费者以及同行业企业进行了调查。调查报告结论为原告的"汉河"商标在企业用户中的商标公众知晓度达95.0%，在相关消费者中的商标公众知晓度为97.0%，并且被调查对象中消费者的身份具有典型性，能够代表相关公众的意见。根据上述证据，法院得出支持原告诉讼主张的事实认定结论。该案是公共管理学中定量研究方法在司法实践中成功应用的实例，也创造了司法证明的新方法。因此，法学人才培养过程应注重对于公共管理学实证研究方法，提高学生相关技能的掌握程度，开阔学生的思维视野，增强学生在学术研究和实践中的创新创造力，在日后工作实践中能够力求实现法社会学中所强调的公众合理诉求表达和法律自身原则不违背的两者兼得。

（四）培养行政能力，加强教学实践

行政能力是公共管理类专业所培养的学生应具备的基本能力。"行政能力的概念原本是指政府行使管理、服务等权利的一种整体能力。大学生行政能力概念的提出，是行政概念演变过程中的一个创新，大学生的行政能力从宏观上讲指管理能力、协调能力、综合能力和服务能力，从微观层次而言是指计划能力、组织能力、控制能力"①。如前文所述，法学人才未来从事行政工作的可能性极大，因此加强法学人才的行政能力培养也非常必要。法学人才培养行政能力的主要措施应通过教学实践环节强化，教师通过教学实践可以使学生在不断解决实际问题的过程中主动学习和进行锻炼，从而真正提高个体行政能力。教学实践是指在法学人才培养方案上设计一些实践类的教育方式，给予学生更多得以实践的机会，比如论文写作、实地考察等，或者进行模拟教学，提高教学的针对性和现实性。具体而言，教学实践又可以分两种：一种是课外实践，一种是课内实践。课外实践主要是组织学生进入行政职能部门进行考察和实习，切身接触行政工作来锻炼自己的行政能力，然而想要在课外实践中取得良好的效果，必须保证充足的实践时间，至少应该保证在一个月左右。但学生的长期校外实

---

① 王政忠，刘真真. 对大学生行政能力培养的思考［J］. 管理观察，2009，（17）：122-123.

习时间比较少，也制约了课外实践的频率和效果。所以仅仅依靠课外实践来增强学生的行政能力还不够，所以还要加强课内教学实践，丰富课内实践内容，例如以案例教学、情境教学和沙盘推演等方式来弥补课外实践的缺憾。除此之外，教师可以进行一定的教学方式创新，创造出新的实践教学方法。

五、结　语

当今社会发展日新月异，全社会对法学人才培养提出新的要求，各类人才竞争的实质又是以综合实力为基础的较量。只有培养出高素质的法学人才，才能适应社会的需求，并在竞争中立于不败之地。传统法学人才培养模式已经不能满足当今社会的需要，当前本科法学教育知识面过于狭窄与法学毕业生需要宽阔的知识视野之间的矛盾亟须解决，也成为改革当前法学人才培养模式的首要问题。因此，基于法学毕业生未来职业选择、职业发展和社会需要，结合国外法学人才教育特点和国内法学人才培养现状，在综合考量下提出导入公共管理学的法学人才培养创新模式。如前文所述，选择公共管理学的原因在于其本身与法学之间的有着一定的天然联系和现实基础，同时，通过导入公共管理学及借鉴其方法论，不仅有利于更好地培养法学人才，也有助于法学研究的更大发展。从具体实施路径而言，可以通过导入公共管理学基础课程、成立教研师资团队、注重公共管理研究方法、强化行政能力培养等方式来开展。毋庸讳言，基于导入公共管理学途径的法学人才培养模式创新还有诸多值得商榷和深入探讨的问题，但通过各方的不断努力探索和推动，法学人才培养模式创新一定能培养出更多高素质、宽视野、真正满足社会的发展需要的复合型法学人才。这些卓越法学人才将为我国法治社会的发展和国家法治水平的提升发挥出中流砥柱作用，促进建立依法治国、依法行政的现代化法治国家的目标早日实现。

第六章　地方院校应用型法律人才培养模式的创新与实践

一、应用型法律人才培养模式的创新与实践的背景

东莞理工学院法学专业从 2003 年开始招收首届本科生，定位于培养应用型法律人才。法学专业紧密结合地方的需要制订人才培养方案，2005 年 7 月，郑玉敏教授主持的法学专业实践教学体系及教学手段改革的研究与实践获得校级重点课题立项，法学专业开始了应用型人才培养模式的创新与改革；2007 年，郑玉敏教授主持的应用型法律人才培养与法学专业实践教学体系改革的研究与实践获得广东省教育厅立项；2014 年，强昌文教授主持的法学专业综合改革和郑玉敏教授主持的卓越法学人才培养计划试点专业同时获得广东省质量工程立项；2015 年，郑玉敏教授主持的地方卓越法律人才培养机制创新的理论与实践获批 2014 年度广东省教育教学成果奖培育项目。十年间，东莞理工学院法学专业在探讨地方高校应用型法律人才培养模式方面进行了持续的创新与实践。2015 年，"地方院校应用型法律人才培养模式的创新与实践"获得东莞理工学院教学成果一等奖。随着东莞理工学院定位于建设高水平应用型理工大学，法学专业努力实现法学人才培养的产学研一体化。法学的产学研结合人才培养模式是一种通过司法实践、法学教学、法学科研紧密结合，实现人才培养目标的教育模式，通过实务部门对法学教学的参与，法学教师对实务工作的指导，学生在仿真及真实的环境中的训练，实现产学研的紧密结合，从而培养地方需要的复合型、应用型人才。

二、人才培养模式改革的目标与方向

法律人才培养模式改革主要解决的问题，是法学人才培养与东莞及珠三角地区制造业发展和经济与社会发展需要的法律人才的适应度与契合度以及在东莞理工学院高水平应用型理工大学建设过程中法学专业的地位与发展问题。首先，东莞地区企业众多，因此培养企业法务人才在整个人才培养模式改革中地位重要。其次，东莞地区扩镇强市趋势明显，法律实务人才需求增强。由于东莞地区独特的人文、语言、文化，本地区生源的学生在就业中具有明显的优势。因此在相当长的时间内，法律实务人才在东莞都会有明显的需求。再次，东莞经济的高速发展使得东莞的经济纠纷异常活跃，东莞高层次、高素质、复合型法律人才短缺尤为严重，单一型的法律人才已很难适应市场需要，金融、房地产、知识产权、高科技开发等法律业务和涉外法律业务日益激增，复合型法律人才正在成为大势所趋。

1. 根据东莞理工学院的地方应用型大学地位，结合东莞地方对法律人才的需求现状，把法学专业定位于培养适应地方需要的应用型、复合型法律人才。

2. 以人才培养的应用性、复合性、地方性为导向进行人才培养模式的改革，从课程改革开始到专业结构和人才培养模式的改革，创建卓越法律人才培养试验班，设置知识产权辅修专业，加强法学双学位教育，创建特色产业学院——企业法务学院。

3. 面对着东莞和珠三角地区对法律人才的需求以及需求的特殊性，单凭法学专业现有的力量、传统的办学模式已经很难满足需求，建立产学研一体化的、"高校与实务部门和高校与高校联合培养人才"的机制和平台必要性明显。

三、人才培养模式的创新与实践

（一）明确人才培养模式改革的方向性

1. 东莞理工学院定位为地方应用型大学，法学专业培养适应地方需要的应用型、复合型法律人才，符合我校的办学宗旨、层析、功能和目标地位。

2. 人才培养机制创新符合《教育部 中央政法委员会关于实施卓越法律人才教育培养计划的若干意见》（教高〔2011〕10号）。该文件要求探索"高校—实务部门联合培养"机制。加强高校与实务部门的合作，法学专业与司法实务部门签订联合培养人才协议。

3. 符合《中共东莞市委关于深入贯彻党的十八届四中全会精神全面深化法治东莞建设的实施意见（征求意见稿)》提出的根据法治东莞建设的需要，制订法律人才教育培养计划，创新法治人才培养机制，注重法学理论教育和实践结合，培养造就法治人才及后备力量的要求。

4. 符合《东莞理工学院创新发展战略规划》（2013—2020年）确定的东莞理工学院的发展目标。法学专业立足东莞，面向珠三角，培养适应度高、理论基础扎实、具有国际视野、具备实践能力和创新精神的高素质应用型人才。

5. 培养应用型、复合型法律人才符合国际范围内法律人才培养的一般规律，美国和澳大利亚等国的法律专业都是以培养应用型、复合型法律人才为目标，要求从事法律人才的学生一般具备两个专业背景，获得两个学位。

（二）坚持人才培养模式改革的科学性

1. 以培养适应地方需要的应用型法律人才为目标，从学科教育转变为职业教育；从传统的培养理论人才转变为培养实务人才；从重视学生理论灌输转变为重视学生职业能力培养；从培养一般性法律人才转变为培养适应东莞地方需要的应用型法律人才。

2. 根据东莞经济和社会发展对应用型法律人才的需求特点，调整专业结构，改革人才培养模式，重视人才培养的应用性、复合性和地方性。创建卓越法律人才培养试验班、举办法学（知识产权）辅修专业。

3. 根据职业能力培养和东莞地方需要改革课程体系，增加民商经济法课程的比重，开设法学专业综合实训、民法案例实践教学等项目型课程，实现真实法庭进课堂，通过情景式教学方法助力学生职业能力养成。

4. 与地方实务部门联合培养，聘请23位实务界人士为兼职教师，建立 23 个稳定的实习基地，与实务部门签订联合培养卓越法律人才协议。

5. 适应培养应用型法律人才的需要，编写了 6 部应用型教材，建设了一支双师型教师队伍。

6. 培养地方需要的应用型法律人才成果显著，学生就业率高，专业满意度高，近三年司法考试通过率是全国平均水平的 3 倍。法学专业人才培养模式改革以应用性、复合性、地方性为导向，成果建设方向明确，符合国家的教育方针政策和有关文件精神；与学校办学宗旨、层次、功能、目标定位相符合。

（三）坚持改革与创新的系统性

法学专业的人才培养模式改革是一个系统的工程，改革的关键在于以能力为中心设置课程，以课程建设带动教材、实习基地、师资队伍建设；改革的重心在于以学生为本，遵循教育教学规律，符合学生身心发展规律；改革的目标指向为服务地方经济和社会发展需要。人才培养模式改革定位明确、导向清晰。

1. 根据东莞理工学院的定位——地方应用型大学，确定法学专业的人才目标是培养适应地方需要的应用型法律人才。学生就业的岗位群定位为以东莞为中心的辐射珠三角地区，包括法官、检察官、律师、法律顾问以及其他企事业单位从事法务工作的技能性、实务性人才。由于东莞以及珠三角地区经济发达，懂法律又懂管理和经济的复合型人才需求旺盛，因此法学专业人才培养模式改革确定以应用性、复合性、地方性为导向。

2. 科学界定专业人才的核心能力即职业能力。所谓职业能力，主要是指运用法律概念、原理和规则发现法律事实和法律问题，并运用法律思维方式分析法律关系，处理法律问题的技术和能力。为了培养这种技术和能力，必须实施实践性教学方法，训练学生在具体案件中学习法律、分析法律、解释法律和使用法律，使学生掌握找到法律和使用法律的方法，形成其法律职业能力。

3. 法学专业的整个培养过程就是学生职业能力的养成过程。无论是学生司法考试的准备还是学生的实习实训，都服务于训练学生分析法律、解释法律和使用法律的能力。人才培养模式改革的重点之一就是如何帮助学生通过全国司法考试，包括通过改革教学方法、改革考试方法、改革教材

101

编写等途径进行。近年改革力度最大的就是法学综合实训课程和民法案例实践教学等综合性课程的设置。职业能力养成就是如何让学生在具体案件中学习法律、分析法律、解释法律和使用法律。另外一门课程模拟法庭，从 2013—2014 下学年开始，由司法实务部门与法学专业共同合作开设，不仅实现法官、律师参与课堂教学，而且实现了巡回法庭进课堂。东莞市中级人民法院、东莞市第一人民法院都在东莞理工学院的模拟法庭开过庭，东莞市第一人民法院院长陈斯、东莞市中级人民法院知识产权庭长程春华都亲自挂帅开过庭。

4. 根据法学人才培养目标的应用性、复合性、地方性特点，改革课程，配置教学环节，编写教材、建设实习基地、建设教师队伍、改变教学方法等。在刚刚结束的学校教学质量评估中，法学专业获得专家的好评与认可。

5. 改革课程遵循教育教学规律，通过法条的解析与运用、案例教学、情景式教学、模拟法庭等符合学生身心发展规律、寓教于乐、通俗易懂、理论联系实际的教学方法的使用，通过针对性明显的法学综合实训以及民法案例实践教学的开设，整个法学专业教学改革充分体现以学生为本，促进法学教育健康、持续、协调发展的要求。

（四）建设法学人才培养平台

法律人才培养平台建设的主要形式就是建立"高校与实务部门和高校与高校联合培养人才"机制。包括与东莞市第一、第二产业人民法院、广东众达律师事务所、广州市仲裁委员会东莞分会联合培养卓越法律人才；与东莞市科技局、东莞市知识产权局联合培养知识产权法律人才、科技法律人才；与华南理工大学、暨南大学联合培养法律硕士（知识产权方向或民商法方向）；与东莞理工学院其他专业合作培养"商—法""电—法""工—法"复合型人才。具体内容包括：建立了学院与实务部门人员互聘制度，积极邀请实务部门有较高理论水平和丰富实践经验的专家到学校任教；鼓励支持学院教师到实务部门挂职；完善"学校—实务部门联合培养"模式，强化与实务部门的合作，重点培养应用型、复合型法律职业人才；探索"学校—地方政府共同培养"模式，加强与地方政府部门合作；探索"学校—学校联合培养"模式，实现资源共享、优势互补，努力建设一支专兼结合的法学师资队伍。

四、人才培养模式的成效与影响

（一）人才培养模式改革的实践创新

1. 课程设置的创新。如综合训练课程的开设、大量实务课程的开设、经济管理类课程的开设等。

2. 复合型、文理交叉人才培养的创新。卓越法律人才实验班培养复合型法律人才，法学（知识产权）辅修专业培养文理交叉的从事知识产权实务的人才。

3. 学生职业能力表述的创新。把学生司法考试训练与培养学生职业能力统一为培养学生分析法律、解释法律和使用法律的能力，这样就使得整个法学教学有了清晰的目标指向。

4. 培养机制的创新。建立"高校—实务部门联合培养"人才的机制。东莞理工学院法学人才培养模式改革特色可以用一个面向、三个导向、五个创新来概括。

一个面向就是面向东莞地方需要；三个导向就是以应用性、复合性、地方性为导向进行课程设置和人才培养模式改革；五个创新就是课程设置的创新，复合型、文理交叉人才培养的创新，学生职业能力表述的创新，培养机制的创新，教材编写内容与形式的创新。

（二）法学专业人才培养模式改革的成效与影响

法学专业人才培养模式的改革取得一定的成绩，获得东莞市政府、学生以及学校评估专家的肯定。东莞市委把法学专业人才培养模式的探索实践写进《中共东莞市委关于深入贯彻党的十八届四中全会精神全面深化法治东莞建设的实施意见》中，近三年法学专业学生的司法考试通过率是全国平均水平的 3 倍，2013 年法学专业学生的就业率达到 100%，近三年法学专业学生的专业满意率在东莞理工学院名列前茅。

1. 关于本专业改革的领先水平，本项目是在经济发达地区地方院校进行的法学专业人才培养模式的创新与改革，在这种类型的院校率先进行的地方卓越法律人才培养的试点和面向地方理工科专业进行的培养文理交叉的人才的法学（知识产权）辅修的实验，因此实践创新在同类院校中明显领先。

2. 法学专业的课程改革包括面向司法考试而开设的法学专业综合和在重点培养学生职业能力的综合课程模拟法庭引进情景教学。对所有的法学专业而言，这种探索为解决法学专业学生准备司法考试与参与日常教学以及职业能力培养的冲突提供了有益的参考。

3. 本专业改革的理论成果中包括11篇教研论文，其中1篇在全国权威期刊《法制与社会发展》发表、1篇在CSSCI发表、2篇在CSSCI扩展版发表、2篇发表在中文核心期刊上，其余都发表在学报等重要刊物上。

4. 本专业改革中的教材全部都是在国家级出版社出版，其中3部是在高等教育出版社出版。教材中有普通高等教育"十一五"国家级规划教材1部，"十二五"职业教育国家规划教材1部。

5. 本专业改革的支撑项目有5个省级教改项目，包括2个省级质量工程项目、1个省级教改项目、1个省级教学成果奖培育项目、1个省级精品资源共享课项目。支撑成果建设项目等级在东莞理工学院各专业中领先，在同类院校的法学专业中领先。

（三）进一步推广应用的可能性及预期前景

本专业改革2005年7月获得校级重点课题立项，2007年获得广东省教育厅立项，2012年教育厅立项课题结项。项目的研究成果开始用于法学专业的人才培养方案，法学专业开设了以课程为中心的实践教学改革。2013年，法学专业综合改革获得校级A类课题立项，2014年，强昌文教授主持的法学专业综合改革和郑玉敏教授主持的卓越法学人才培养计划试点专业同时获得2014年广东省质量工程立项。

2014年，法学专业的人才培养模式改革进入一个新的阶段，这一年法学专业举办了卓越法律人才实验班，以培养复合型法律人才；设置法学（知识产权）辅修专业，培养文理交叉的从事知识产权实务的人才；同时，开设法学专业综合实训、民法案例实践教学等项目型课程，模拟法庭课程进行改革，使真实法庭进课堂。学院与司法实务部门展开深度合作。2015年4月，郑玉敏教授主持的地方卓越法律人才培养机制创新的理论与实践获批 2014 年度广东省教育教学成果奖培育项目。

　　10 年间，法学专业以应用性、复合性、地方性为导向，在课程设置、师资建设、实习基地建设、教材建设、人才培养机制建立等方面做出了大胆而有益的探索与实践，为国内同类高校的法学专业建设和人才培养提供了有价值的经验，具有重要的现实意义和较高的推广意义。

五、人才培养模式改革与创新的启示

　　东莞理工学院以建设高水平应用型理工大学为目标，以智能制造技术与工程为主攻方向。因此，未来依托于学校的理工科背景及自然科学技术文化优势的法学专业，就必然承担着为地方制造业发展提供法律人才保障的任务。在制造业发达、经济发展水平较高的珠三角地区，文理交叉、商法交叉的复合型法律人才、知识产权人才需求旺盛，伴随该地区产业转型升级后对高层次人才的需求，具有理工背景的专业法律硕士也必然走俏。由此随着东莞理工学院办学定位与发展目标明晰，法学专业的人才培养体系特点凸显，即依托学校理工背景与学科优势，加强多学科交叉与渗透，形成复合型特色的法学本科、法学第二学位、知识产权辅修、具有理工背景的专业法律硕士培养体系，实现"商—法""电—法""工—法"等跨专业联合办学，成为广东省发展新兴交叉学科和应用型文科的示范基地。基于以上目标与任务，建设适应高水平应用型理工大学发展的法律人才培养平台势在必行。

第七章　法学专业建设总结①

东莞理工学院政法学院法学专业是在原东莞理工学院政法系法学专科教育的基础上成立的，2003 年经国家教育部批准正式开始招收法学本科生，是东莞理工学院开设的首批本科专业之一。截至 2014 年 9 月，法学专业已经连续 12 年招生，招生总人数达 1874 人，在校学生为 687 人，毕业生总人数达 1267 人。同时法学专业从 2014 年开始创办卓越法律人才培养实验班和知识产权（辅修）专业。法学专业师资力量在广东省地方院校法学专业中位居前列，拥有一支结构良好的教师队伍。所有教师均毕业于国内外知名法律院系，多位老师受广东省和东莞市国家机关邀请参与立法、司法和政策咨询工作；有多名教师具有在美国、英国、意大利、中国香港特别行政区的海外（境外）访问、交流和学习经历。法学专业教师具有较高的学术水平和较强的科研能力，是东莞理工学院二级学科重点建设单位。在首批学校认证的 16 个东莞理工学院校级科研团队中，法学专业占了 2 个。2013—2014 年度法学专业发表的高水平论文数量位居全校第一。法学专业教师连续获得 2013 东莞理工学院教学质量一等奖和 2014 青年教师讲课比赛一等奖。法学专业高度重视人才培养，强调学术研究与教学并重，科学研究服务于人才培养，人才培养服务于地方经济社会发展。目前法学专业有"二室""三中心"，即法学教研室、知识产权辅修教研室、省级知识产权培训中心、社会治理研究中心、法治东莞协同创新研究中心。目前正在与东莞市政府、东莞市台商协会研究

---

① 本文是郑玉敏主持的 2014 年广东省质量工程项目——卓越法学人才培养计划试点专业（立项粤教高函〔2014〕97 号）和强昌文主持的 2014 年广东省质量工程项目——法学专业综合改革（立项粤教高函〔2014〕97 号），以及郑玉敏主持的 2015 年度广东省高等教育教学改革项目（本科类）综合教改项目立项——面向卓越法律人才培养的民商事法课程群改革与建设（立项粤教高函〔2015〕173 号）和郑玉敏主持的 2014 年度广东省教育教学成果奖培育项目——地方卓越法律人才培养机制创新的理论与实践（立项粤教高函〔2015〕72 号）研究成果

创建台商协同创新研究中心；与东莞市政府法制办研究创建东莞市地方立法研究中心；与东莞市妇联协商创建东莞市妇女儿童发展研究中心合作。法学专业高度重视学术交流与合作，聘请法学名家来校指导科研和教学工作，仅2014年，就聘请了国内顶尖学者张文显、梁慧星、葛洪义给教师学生辅导和开办讲座。目前法学专业正在为建设成为在省内有一定影响、办学一流的培养地方法律人才的基地而努力。

一、定位与目标

（一）办学定位

法学专业办学之初就把面向珠三角、扎根东莞、融入地方、为地方经济和社会发展培养高素质应用型法律人才作为己任。近年通过创办卓越法律人才培养实验班和知识产权（辅修）专业，努力培养复合型人才、文理科交叉应用型法律人才。学院在人才培养目标制定的科学性与合理性上不断进行改革和探索，在培养珠三角区域经济建设与社会发展适应度高、基础扎实、知识面宽、实践能力强、具有创新精神和国际视野的高素质应用型法律人才上下功夫。目前法学专业的本科法学教育包括普通班法学专业、"卓越法律人才培养"实验班以及知识产权（辅修）专业。

（二）培养目标

1. 普通班法学专业培养目标

法学专业培养德智体全面发展、适应社会主义市场经济和国家法治事业建设的需要、熟悉法学基础理论和基本知识、具备较强的解决法律实际问题能力的在法律服务一线工作的高级应用型人才。

2. "卓越法律人才培养"实验班培养目标

本专业学生主要学习法学的基本理论和基本知识，接受法学思维和法律实务的基本训练，具有运用法学理论和方法分析问题以及运用法律知识管理事务与解决问题的基本能力，成为能胜任法律实务工作的高素质复合型、应用型法律人才。

3. 知识产权辅修专业的培养目标

本专业培养具有社会主义法治理念和基本法律思维、基本掌握知识产权运用、管理和保护的相关法律知识的复合型和应用型知识产权人才，满足社会对复合型学科知识背景的知识产权服务人才，特别是专利代理服务人才的需求。

本专业人才培养目标制定紧密结合学校定位，制定了专业发展规划、对毕业生就业市场进行了调研。

二、教学建设与改革

（一）思路、措施与实效

1. 教师队伍建设

（1）师资结构

目前，法学专业教师为 22 人，其中教授 3 人，占 14%；副高职称 11 人，占 50%；中级职称 8 人，占 36%；高级职称人数占学院师资总数的比例为 64%。教师中具有博士学位或正在攻读博士学位的人数为 11 人，占 50%；具有硕士学位的 9 人，占 41%，专任教师中具有硕士和博士学位的比例为 91%；有 4 位教师具有 1 年以上国外（境外）学习工作与合作研究经历，1 人具有博士研究生导师资格，3 人具有硕士研究生导师资格。55 岁以上的教师有 1 人，占学院教师总数的 5%；36 岁～55 岁的教师有 17 人，占学院教师总数的 77%；35 岁以下的教师有 18 人，占学院教师总数的 21.88%；中青年教师成为教师中的绝对主体。现在法学专任教师见表 7 - 1 所列。

表 7 - 1　现任法学专任教师一览表

序号	姓名	性别	年龄	学历（学位）	职称	所学专业	毕业院校
1	强昌文	男	50	研究生（博士）	教授	法学理论	吉林大学
2	郑玉敏	女	50	研究生（博士）	教授	法学理论	吉林大学
3	徐　波	男	54	研究生（硕士）	教授	经济法	吉林大学

（续表）

序号	姓名	性别	年龄	学历（学位）	职称	所学专业	毕业院校
4	邓 斌	男	43	研究生（博士）	副教授	刑法学	吉林大学
5	韩中节	男	41	研究生（博士）	副教授	民商法学	西南政法大学
6	王 平	男	52	研究生（博士）	副教授	民商法	武汉大学
7	孙志超	男	35	研究生（博士）	副教授	法学	香港城市大学
8	周立英	女	41	研究生（硕士）	副教授	诉讼法学	吉林大学
9	龚红兵	男	48	研究生（博士）	副教授	民商法	博洛尼亚大学
10	李文伟	女	48	研究生（硕士）	副教授	思想政治教育	中山大学
11	景春兰	女	46	研究生（硕士）	副教授	民商法	西南政法大学
12	王敬华	女	46	研究生（硕士）	副教授	民商法	武汉大学
13	李益民	男	60	本科（学士）	高级经济师	企业管理	齐齐哈尔轻工学院
14	沈亚萍	女	37	研究生（硕士）	副教授	民事诉讼法	中国政法大学
15	夏能礼	男	40	研究生（博士）	讲师	公共管理	清华大学
16	石 璠	女	35	研究生（博士）	讲师	法制史	中国政法大学
17	罗兆婧	女	33	研究生（博士）		法学	英国格拉斯哥
18	廖训强	男	51	本科（学士）	助理研究员	学校教育	西南师范学院
19	刘兵红	男	44	研究生（博士）	讲师	民商法	西南政法大学
20	邓新龙	男	47	研究生（硕士）	讲师	诉讼法	西南政法大学
21	陈 晨	女	35	研究生（硕士）	讲师	民商法	北京大学
22	张建超	男	42	研究生（硕士）	工程师	知识产权	武汉大学

（2）法学专业学科带头人和学术梯队介绍

① 校级重点建设二级学科法学科带头人强昌文

强昌文，男，安徽芜湖人，1965 年 12 月生，法学博士，教授，现任政法学院院长，博士生导师，2007 年获得安徽省优秀教师，2008 年授予安徽省杰出中青年法学家称号，2009 年被授予全国五一劳动奖章，2010 年获得李世雄教学奖、安徽省教学成果三等奖，2009—2012 年主持安徽省"法理学"精品课程建设项目，2013 年获得东莞理工学院优秀教师称号。强昌文主讲本科课程"法理学""当代西方法律思想史""经济法学""法学导论"等法学课程，指导博士生3名、硕士生15名。强昌文近三年的研究成果见表7－2、表7－3、表7－4、表7－5所列。

表7－2　强昌文发表论文情况一览表

序号	论文题目	发表刊物	发表时间
1	以契约伦理引领区域合作制度发展（补录）	江淮论坛	2012.1
2	对土政策性软法的理性思考	法制日报	2013.4
3	论实质法律推理对司法的意义	东莞理工学院学报	2013.8
4	软法之治的基本特点	社会科学战线	2014.9

表7－3　强昌文纵向项目情况一览表

序号	项目名称	项目负责人	立项时间	项目来源	合同金额（万元）
1	软法及其相关问题研究	强昌文	2013.6	国家社科类基金项目	23.94
2	应用复合型法律硕士研究生培养模式研究	强昌文	2013.9	中国学位与研究生教育学会	0
3	社会组织内部治理的软法机制研究	强昌文	2013.5	民政部	0
4	法治东莞协同创新中心	强昌文	2014.7	省教育厅社科项目	3

表7－4　强昌文横向项目情况一览表

序号	项目名称	项目负责人	立项时间	项目来源	合同金额（万元）
1	2014年专利布局实战探讨与研究	强昌文	2014.5	东莞市科技局	5
2	2014年第二期东莞市专利布局暨专利分析初级实战班	强昌文	2014.8	东莞市科技局	8
3	东莞民情信息	强昌文	2014.9	东莞社工委员会	5
4	广东省知识产权远程教育平台研究	强昌文	2014.9	广东省知识产权局	10
5	法院在审理与执行集体土地流转过程中的问题研究	强昌文	2014.10	东莞市中级人民法院	2

表 7-5　强昌文出版著作情况一览表

序号	著作名称	出版社	出版时间
1	法理三维	安徽大学出版社	2012.3

② 学术梯队建设情况

法学专业有学科带头人，已形成学术梯队，并有数量适宜的骨干教师，发展趋势好。法学学科是 2014 年东莞理工学院所认定的第二批重点建设学科（莞工办〔2015〕3 号）。该学科是政法学院的重点建设和优先发展学科，以强昌文教授为学科带头人，以法学专业骨干教师为成员。截至 2015 年 3 月，法学专业有以强昌文教授为学术负责人的"法治与社会治理研究团队"和以郑玉敏教授为学术负责人的"社会弱势群体权利救济与保护研究团队"的两支东莞理工学院第一批校管、校级科研团队。法学专业通过"法学"重点学科的建设和两支校级科研团队的建设，已形成稳定的学术梯队，进一步推动法学专业科研创新能力的提升，较好地促进了法学专业学术梯队的建设，发展趋势良好，为法学专业的发展奠定了良好基础。

2012—2014 年法学专业教师共发表论文 63 篇，其中 CSSCI 论文 20 篇，沈亚萍老师发表的论文："行政规则制定中的公众参与考量：基于正反两面的双重分析视角"被《中国社科文摘》转载。获国际社科基金 1 项、省部级项目立项 6 项、国际合作项目 2 项、其他横向课题 20 项，课题经费超过 100 万元。法学专业的老师发表的高水平论文数量和高水平课题数量名列学校前列。

（3）青年教师培养情况

法学专业高度重视青年教师的培养，有可行的青年教师培养计划，计划执行情况好，在学校青年教师教学竞赛活动中获得一等奖。法学专业的青年教师占专任教师的五分之一，为提高本科教学质量，法学专业对于青年教师制订了切实可行的青年教师培养计划，开展法学专业教授与青年教师的"一对一"传帮带，组织青年教师的教学竞赛、教学讨论沙龙等活动。法学专业的青年教师培养计划执行良好，全面提高了青年教师的授课技能。近年来，法学专业青年教师迅速成长，教学和科研能力与水平明显提高，其中沈亚萍博士在2014年东莞理工学院"青年教师教学技能竞赛"中荣获一等奖，孙志超副教授在2013年荣获东莞理工学院"教学质量奖"一等奖。青年教师培养成果显著：石璠2014年取得博士学位；沈亚萍2014年晋升为副教授；孙志超在松山管委会挂职管委会主任助理；沈亚萍获得2014年青年教师教学比赛一等奖；孙志超获得2013年东莞理工学院教学质量一等奖；沈亚萍担任首届卓越班班主任；罗兆静在2014—2015年学年度教学质量评价中名列政法学院第一名（见表7-6、7-7）。

表7-6　青年教师获得的具代表性的教学奖励

项目名称	获奖人	获奖时间	获奖类别名称或等级
教学质量奖	孙志超	2013年	一等奖
青年教师教学竞赛	沈亚萍	2014年	一等奖

表7-7　2012—2015年青年教师培养情况一览表

姓名	年龄	职称学位	2013年	2014年	2015年
罗兆静	29	博士	—	教学质量评价政法学院第一名	申报副教授
陈晨	31	讲师/硕士	—	—	申报副教授
石璠	31	讲师/硕士	取得博士学位	—	申报副教授
孙志超	31	副教授/博士	教学质量一等奖；挂职锻炼	挂职锻炼	申报教授
沈亚萍	34	讲师/硕士	—	担任首届卓越班主任取得副教授职称	取得博士学位

（4）教学团队建设情况

法学专业积极开展教学团队建设，教师队伍有凝聚力，团队精神强。法学专业共有22名专任教师，承担东莞理工学院法学专业的所有教学任务，包括法学公选课课程。法学专业以法学专业建设和知识产权辅修专业建设为依托，形成了以夏能礼教授为首的理论法学教学团队；以龚红兵副教授为首的知识产权法教学团队；以郑玉敏教授为首的民法学课程群法学团队；以强昌文教授为首的法律实践教学团队。目前法学专业正整合所有专业团队资源，力争申请成为校级教学团队，并在 5 年内申请成为省级教学团队（见表 7－8）。

表 7－8　法学教学团队建设情况表

	团队方向	带头人	成　员	承担主要课程
法学专业教学团队	理论法学课程群教学团队	夏能礼	强昌文、郑玉敏、廖训强、邓新龙、夏能礼、邓　斌、周立英、刘兵红、石　璠	法理学、宪法学、行政法学、刑法学等
	知识产权教学团队	龚红兵	韩中节、孙志超、张建超、罗兆静、沈亚萍	以知识产权辅修为主
	民商法课程群教学团队	郑玉敏	韩中节、龚红兵、孙志超、王　平、陈　晨、沈亚萍、王敬华、景春兰	民法学、物权法学、合同法学等
	法律实践课程教学团队	强昌文	韩中节、孙志超、王　平、邓　斌、廖训强、沈亚萍、周立英	模拟法庭、民法实践教学、法学综合实训、诉讼法学、司法文书等

（5）兼职教师情况

法学专业来自企业（行业）的兼职教师为 23 人，在教学中发挥积极作用。法学专业历来重视实务界专家参与法律人才培养，2014 年法学专业开始创办卓越法律人才班，从法学教育的职业化特色出发，卓越法律人才教育培养计划试点课程设置注重与司法实务部门的对接，广泛听取司法实务部门的意见和建议，按照司法实务部门的需求来制订人才培养方案。法学专业聘请了 23 位司法实务界专家作为法学专业的兼职教授。这些兼职教授以"来校上课、举办讲座、真实案例"进校园，指导法学本科学生的实习等各种形式，在法学理论和实际教学中发挥积极作用。此外，这些兼职教授有的还是法学专业建设指导委员会成员，在法学专业建设中发挥积极作用（见表 7－9、表 7－10、表 7－11）。

表7-9 外聘行业企业兼职教师名单（信息）一览表

序号	姓名	职称/学位	来自的行业或企业名称	聘任时间	承担任务
1	余辉胜	法学硕士	东莞市第一检察院副检察长	2014.09—2017.09	指导实习
2	马立云	法学硕士	广东法制盛邦（东莞分行）律师事务所主任	2014.09—2017.09	
3	陈国辉	法学硕士	广州仲裁委员会（东莞分会）会长	2014.09—2017.09	
4	李非淆	法学硕士	广州仲裁委（东莞分会）执行会长	2014.09—2017.09	
5	余新喜	法学博士	深圳检察院检察员（副厅级）	2014.09—2017.09	
6	范德繁	法学博士	深圳市委编制办综合处处长	2014.09—2017.09	
7	陈锡稳	法学博士	东莞市横沥镇党委书记	2014.09—2017.09	
8	杨朝琴	法学硕士	东莞市松山湖管委会委员	2014.09—2017.09	
9	戴俊勇	法学硕士	东莞市第一人民法院副院长	2014.09—2017.09	
10	吴美良	法学硕士	东莞市知识产权局副局长	2014.09—2017.09	
11	程春华	法学博士	东莞中级人民法院知识产权审判庭庭长	2014.09—2017.09	
12	陈斯	法学硕士	东莞市第一人民法院院长	2014.09—2017.09	开办讲座
13	陈奎	法学博士	东莞市第二人民法院院长	2014.09—2017.09	
14	胡志伟	法学硕士	东莞市第一人民法院松山湖法庭庭长	2014.09—2017.09	
15	柯晓玲	法学硕士	东莞市第一人民法院松山湖法庭庭长	2014.09—2017.09	
16	黄广进	法学博士	东莞市检查员研究室副主任	2014.09—2017.09	
17	周广荣	主任律师	广东众达律师事务所	2014.09—2017.09	
18	张敬智	主任律师	广东历维永盛律师事务所主任	2014.09—2017.09	
19	杨宗仁	法学博士	广州知识产权法院院长	2014.09—2017.09	参与授课
20	汤瑞刚	法学硕士	广东赋诚律师事务所主任	2014.09—2017.09	
21	陈锡康	法学硕士	广东陈梁永矩律师事务所主任	2014.09—2017.09	
22	杨建成	法学硕士	广州南沙区人大常委会副主任	2014.09—2017.09	
23	骆世明	法学硕士	广东闻彰律师事务所主任	2014.09—2017.09	

表7－10　外聘行业企业兼职教师承担模拟法庭教学任务情况一览表

序 号	姓 名	职称或职务	来自的行业 或企业名称	时 间	承担教学任务
1	邓云龙	法学硕士	广东尚宽律师事务所	2012—2013 学年度第一学期；2013—2014 第一学期	模拟法庭
2	程春华	法学博士后/庭长	东莞市中级人民法院	2014—2015 学年度第一学期	模拟法庭
3	陈 斯	法学硕士/院长	东莞市第一人民法院	2014—2015 学年度第一学期	模拟法庭
4	胡志炜	法学硕士/庭长	东莞市第一人民法院松山湖法庭	2014—2015 学年度第一学期	模拟法庭
5	柯晓玲	法学硕士/庭长	东莞市第一人民法院松山湖法庭	2014—2015 学年度第一学期	模拟法庭

表7－11　行业专家为法学专业学生开办讲座一览表

序 号	姓 名	职称或职务	单 位	讲座名称	时 间	讲座对象
1	张文显	教授 博士生导师	吉林大学	中国法学教育现状与走向	2014.03	法学专业学生
2	梁慧星	教授 博士生导师	中国社科院	如何进行法律思维	2014.03	法学专业学生
3	葛洪义	教授 博士生导师	浙江大学法学院	教师职业与法制进步	2014.05	全院师生
4	陈 斯	院长	东莞市第一人民法院	法官三人谈——司法改革	2014.12	法学专业学生
5	陈 奎	院长	东莞市第二人民法院	法官三人谈——司法改革	2014.12	法学专业学生
6	程春华	庭长	东莞市中级人民法院	法官三人谈——司法改革	2014.12	法学专业学生

2. 专业建设

（1）法学专业积极适应珠三角区域经济社会发展的需求，有成熟的法学学科和配套的资源条件支撑，发展潜力好。

法学专业建立之初就把培养适应地方需要的应用型法律人才作为目标，2014年又通过办卓越法律人才班、设置知识产权辅修专业不断探索培养地方需要的应用型、实务型法律人才。实践证明，目标定位符合目前社会对法学专业人才的需求。党的十八届四中全会提出了"全面推进依法治国，建立社会主义法治国家"的政治纲领，随着东莞获地方立法权、东莞社会建设以及东莞镇变市等行政区划改革，东莞作为改革开放的前沿城市，经济社会发展迅速，外商企业云集，经济纠纷和社会纠纷量巨大，对法律人才的需求量也巨大。因此，法学专业不断适应珠三角区域经济社会发展的需求，依托成熟的法学，不断培养高素质的符合东莞经济和社会发展需求的应用型法律人才。

（2）法学专业建设规划思路清晰，目标明确，具体可行，专业建设成效突出。

为保证法学专业的人才培养质量，建立了一支专兼结合、学科交叉、结构合理、教学经验丰富、科研水平高的教师队伍，为培养高素质的复合型人才提供了可靠的保障。法学专业建有高标准的实验教学设备与专业实习基地，拥有近200平方米的模拟法庭。目前，法学专业与多个司法机构签订了法学专业实习基地协议书，基本上能够满足法学本科专业学生的实习需要。政法学院有专门的图书室，配有各种法学教材、参考书、法学名著以及司法考试和考研参考书，基本上能够满足法学专业学生日常学习的需求。结合东莞及珠三角地区社会主义法治建设的实际情况，法学专业根据东莞和珠三角区域经济社会发展对应用型法律人才的需求，积极进行专业建设，专业建设成绩显著。

① 开设"卓越法律人才培养"实验班，培养卓越、应用型高级法律人才。

② 主动适应东莞经济社会发展的需要，开设"法学（知识产权）专业"积极探索培养高素质的知识产权法律应用型人才。

（3）法学专业有合理的专业培养标准、专业培养规格与法学课程体系的关系清晰合理。

　　法学专业根据应用型法律人才培养目标制定了相应的培养标准，按照培养标准设置课程，增强人才培养方案的针对性和可操作性。

　　专业人才的知识、素质、能力结构要求：

　　素质要求：政治素质、法律职业道德、法律思维方式、健康身体与心理。

　　知识结构：外语、计算机知识，经济学、管理学知识，专业法学知识。

　　专业能力：理解和运用法律和法规的能力，诉讼业务能力，非诉讼业务能力（见表7-12）。

表7-12　法学（"卓越法律人才培养计划"实验班）专业课程结构表

课程类别	课程性质	课程群	应修学分	课程名称	开课门数
通识课	必修	政治理论课	8	毛泽东思想和中国特色社会主义理论体系概论、当代西方哲学、形势与政策	3
		体育与健康课	10	军训、体育、体育达标测试、心理学、就业指导	5
		语言和计算机知识课	25	基础英语、英语口语、应用英语、实用英语写作、大学英语应用能力达标测试、大学计算机基础、多媒体技术与应用、信息资源检索、大学语文	9
法学专业课	必修	学科基础课	34.5	法学专业导论、法理学、宪法学、中国法制史、刑法学、民法学、民事诉讼法、刑事诉讼法、行政法与行政诉讼法	9
		专业课	22	经济法学、商法学、国际法学、国际私法、国际经济法、知识产权法、劳动与社会保障法	8
专业拓展课	选修	经济学拓展	7	经济学原理、证券与投资、货币银行学	3
		管理学拓展	9	管理学原理、会计学原理、初级财务管理	3

（续表）

课程类别	课程性质	课程群	应修学分	课程名称	开课门数
法律实务课程	选修	职业道德	1	司法礼仪、法律职业规范	1
		法律思维	5	法律方法、法律论辩、法律文书写作、经典案例判解	3
		诉讼业务	6	证据法实务、审判与执行实务、检察实务、法庭审判模拟、律师事务	3
		诉讼业务	4	公证实务、仲裁实务、调解实务、	2
综合实践课	必修	综合应用课	25	司考技巧训练、法律经典阅读、岗位实践、毕业论文	4
		综合实践课	12	岗位认知、毕业实习	2
		学分总计	168.5	开课门数总计	55

（4）法学专业建立了专业指导委员会，来自企业和行业的校外委员占60%。

法学专业召开了专业指导委员会会议，专业指导委员会对人才培养方案提出意见和建议，其中"卓越法律人才培养计划"实验班、法学（知识产权）辅修专业等培养计划中的很多课程设置都来自于专业指导委员会的意见。专业指导委员会成员以多种方式参与教学活动和教学改革活动（见表7-13、表7-14）。

表7-13　法学专业指导委员会成员信息一览表

序　号	姓　名	单　位	职称或职务	分　工
1	葛洪义	浙江大学	教授	主任
2	陈锡康	广东省律协	副会长	副主任
3	程春华	东莞中级人民法院	庭长	副主任
4	汤瑞刚	广东赋诚律师事务所	主任	委员
5	周广荣	广东众达律师事务所	主任	委员
6	强昌文	东莞理工学院	教授	委员
7	郑玉敏	东莞理工学院	教授	秘书

表7-14 校外专业指导委员会成员参与专业建设情况一览表

序 号	姓 名	参与人才培养方案制订	举办讲座	参与课程改革沙龙	指导实习	参与授课	其他兼职
1	葛洪义	提供意见	教师职业与法制进步	—	—	—	学术委员会主任
2	陈锡康	提供意见	—	参加课程改革沙龙	—	—	—
3	程春华	提供意见	法官三人行——论司法改革	—	指导实习	参与模拟法庭授课	—
4	汤瑞刚	提供意见	—	参加课程改革研讨	实习基地负责人	—	—
5	周广荣	提供意见	—	—	实习基地负责人	—	—

3. 课程建设

（1）法学专业有开展课程建设的规划，课程建设措施得力，执行效果好。

法学课程建设是法学人才培养的核心环节。法学专业高度重视课程建设，制订了详细的课程建设规划。法学专业通过鼓励骨干教师申报校级教研教改项目和省级教研教改项目，重点加强了省级、校级优质课程建设和项目型课程建设，如郑玉敏教授负责的《合同法学》课程2012年获得广东省质量工程立项，并获得建设省级精品资源贡献课建设资助；王敬华副教授于2014年立项的"青年教师信息化新课堂"实验课程"国际私法"；龚红兵副教授的2010年校级重点课程"知识产权法"等均取得了良好的课程教学效果。

（2）法学专业重视优质课程的建设，有5门课程通过了学校验收鉴定的优质课程（见表7-15）。

表 7－15　法学专业优质课程一览表

序号		通过校级验收时间（年）	课程性质	课程负责人	级别	省级立项
1	合同法学	2007	精品资源共享课	郑玉敏	省级	2012年立项
2	知识产权法	2010	重点课程	龚红兵	校级	
3	国际私法	在建	"青年教师信息化新课堂"实验课程	王敬华	省级	2014年立项
4	金融法	2008	网络课程	王敬华	校级	
5	经济法	2011	重点课程	郑玉敏	校级	

（3）法学专业根据我国最新的立法、司法实践和社会需求，开发的项目型新课程有7门（见表7－16）。

表 7－16　法学专业开发的项目型新课程一览表

序号	项目型课程名称	所属专业	开课教师	首次开课时间	首次开课对象	备　注
1	法学专业综合实训	法学教研室	强昌文等19人	2014—2015学年度	2012级法学专业学生	2012级新开设的司法考试课程
2	民法案例实践教学	法学教研室	韩中节	2014—2015学年度第一学期	2012级法学专业学生	2012级新开设的民法综合实训课程
3	法律经典阅读	法学教研室	强昌文郑玉敏等	2014—2015学年度第一学期	法学卓越班学生	法学卓越班新开设的综合训练课程
4	模拟法庭	法学教研室	强昌文、陈斯等	2014—2015学年度第一学期	2012级法学专业学生	从2012级模拟法庭课开始聘请多名实务专家参与授课，巡回法庭进课堂，探索情景式教学

（续表）

序号	项目型课程名称	所属专业	开课教师	首次开课时间	首次开课对象	备　注
5	法学专业导论与职业生涯规划	法学教研室	郑玉敏等16人	2013—2014学年度第一学期	2013级法学专业学生	2013级法学开设的入学综合指导课程
6	司法制度与法律职业道德	法学教研室	夏能礼	2013—2014学年度第二学期	2011级法学专业学生	2011级法学新开设的职业素养训练课
7	侵权责任法	法学教研室	李益民	2014—2015学年度第二学期	2012级法学专业学生	2012级法学新开设的法学综合训练的选修课

（4）法学专业根据我国最新的立法、司法实践和社会需求，及时更新教学内容，教学内容能较快反映社会对应用型法律人才的需求，两届之间的课程更新≥13学分（见表7-17）。

表7-17　近三年教学计划课程更新情况一览表

课程更新	必　修	限　选	选　修	实践	学分总计
2012级	法学专业综合实训	民法案例实践教学	比较宪法学、侵权责任法、行政复议法	—	19
2013级	法学专业导论、专业综合实训	—	—	—	13
2014级（法学卓越班）	劳动与社会保障法	经济学原理、证券与投资、货币银行学、管理学原理、会计学原理、初级财务管理	司法礼仪、法律职业规范、法律方法、法律论辩、审判与执行实务、检察实务、调解实务	—	33

（5）政法学院法学专业网站教学资源丰富，多数教师有和学生交流的

空间、QQ群和微信群等，利用网络和多媒体技术教学效果好。

法学专业的优质课程都有课程网站，学生可以在网上提交作业，进行自主测试。郑玉敏、龚红兵、王敬华老师建设有课程网站，韩中节老师通过公共邮箱与学生分享课程资源，所有老师都在网上通过QQ群与学生交流、利用多媒体技术包括PPT和课件进行教学。合同法学精品课网站有韩中节副教授合同法学课程的全程视频教学录像（见表7-18）。

表7-18　法学专业教学网站情况一临览表

主持人	课程名称	级　　别	网　　址
郑玉敏	《合同法学》	2012年省级精品资源共享课程（韩中节副教授合同法学课程的全程视频教学录像2014年）	http：//219.222.191.164/
王　平	《合同法学》	2007校级精品课程	http：//219.222.191.164：8080/
龚红兵	《知识产权法》（双语）	2012校级重点课程	http：//172.31.5.210：81/
郑玉敏	《经济法》	2011校级重点课程	http：//172.31.5.210：83/

4. 实践教学条件

实践与操作是应用型专业人才培养的重要基石，实践教学的效果是决定应用型专业教学质量最为重要的环节之一。实践教学条件建设包括专业实验室建设、校内外实习基地建设和专业实训基地建设等三方面。

（1）校内实训基地——"模拟法庭"实验室能满足教学需要，设备设施总投资已达60万元。

法学专业长期以来重视法学本科实践教学条件的建设。2007年学院在校内设立了模拟法庭实验室，面积为350m²，位于东莞理工学院松山湖校区C栋教学楼6C103教室。目前模拟法庭人员配备1人，设备有投影仪1台、电脑1台、音响设备1套等设施，创建至今总投资已近60万元，是法学专业本科学生的教学演示和教学实践基地。在法学老师的指导下，法学专业的学生每年持续开展2~3次的全校性的公开的模拟法庭审判活动，向广大同学普及民事、刑事和行政诉讼程序，增强法律意识（见表7-19）。

表7-19　2013—2014 学年度试验实训中心的使用情况

模拟法庭使用时间	举办次数	活动主题
2013—2014 学年度第一学期	10 次	模拟法庭演练
2013—2014 学年度第二学期	10 次	模拟法庭演练

（2）法学专业有 23 个校外实习基地，满足法学专业学生校外实习的要求，且校外实习基地各项管理规范、条件良好（见表 7-20）。

表7-20　法学专业学生校外地一览表

序号	专业名称	基地名称	合作共建单位名称	签订协议时间
1	法学	东莞市虎门镇委员会宣传办公室	东莞市虎门镇委员会宣传办公室	2003 年 4 月 10 日
2	法学	东莞市石龙职业技术学校	东莞市石龙职业技术学校	2003 年 3 月 28 日
3	法学	广东东江纵队纪念馆	广东东江纵队纪念馆	2006 年 12 月 3 日
4	法学	东莞市中级人民法院	东莞市中级人民法院	2000 年 4 月 14 日
5	法学	东莞市人民法院	东莞市人民法院	2000 年 4 月 14 日
6	法学	东莞市法律援助处	东莞市法律援助处	2004 年 3 月 28 日
7	法学	袁崇焕纪念园	袁崇焕纪念园	2004 年 4 月 30 日
8	法学	东莞展览馆	东莞展览馆	2005 年 4 月 30 日
9	法学	鸦片战争博物馆	鸦片战争博物馆	2006 年 4 月 11 日
10	法学	广东君政律事事务所	广东君政律事事务所	2006 年 11 月 8 日
11	法学	广东海联泰达律师事务所	广东海联泰达律师事务所	2006 年 11 月 30 日
12	法学	东莞市人民检察院	东莞市人民检察院	2006 年 12 月 28 日
13	法学	广州仲裁委员会	广州仲裁委员会	2007 年 12 月 24 日
14	法学	广州仁之仁律师事务所	广州仁之仁律师事务所	2007 年
15	法学	东莞市第三市区人民检察院	东莞市第三市区人民检察院	2009 年 3 月 30 日
16	法学	东莞市第二市区人民检察院	东莞市第二市区人民检察院	2009 年 2 月 25 日
17	法学	东莞市第一市区人民检察院	东莞市第一市区人民检察院	2009 年 3 月 30 日
18	法学	东莞市第三人民法院	东莞市第三人民法院	2009 年 3 月 5 日

（续表）

序号	专业名称	基地名称	合作共建单位名称	签订协议时间
19	法学	东莞市第二人民法院	东莞市第二人民法院	2009 年 3 月 10 日
20	法学	东莞市第一人民法院	东莞市第一人民法院	2009 年 3 月 13 日
21	法学	东莞市长安镇人民政府	东莞市长安镇人民政府	2012 年 1 月 20 日
22	法学	广东众达律师事务所	广东众达律师事务所	2014 年 10 月 28 日
23	法学	广州市仲裁委东莞分会	广州市仲裁委东莞分会	2014 年 10 月 28 日

（3）法学专业有广东省级知识产权培训基地和中国知识产权远程教育平台（广东省知识产权远程教育分平台）两个教学示范中心，均通过了省级验收（见表 7 - 21）。

表 7 - 21　法学学科人才培养基地、教学示范中心情况一览表

名　称	批准部门（合作单位）	批准时间
知识产权培训基地	广东省知识产权局和省教育厅	2012 年
知识产权促进中心	东莞市科技局	2005 年

5. 教学改革

（1）法学专业在应用型人才培养模式改革方面取得实质性进展，有卓越法律人才班和知识产权辅修专业等的教学改革成果，人才培养模式改革成果显著。

在应用型人才培养模式方面取得了实质性进展，代表性的、示范性的教学改革成果包括创办卓越法律人才班和设置知识产权辅修专业。在复合型人才培养方面进行改革探索。

① 卓越法律人才班是按照复合型、应用型人才培养模式改革的基本要求和内在规律，以"掌握扎实法律基础知识、具有熟练法律应用技能"为导向，与实务部门深度合作，共同确立培养目标，共同设计课程体系，共同开发优质教材，共同组织教学团队，共同建设实践基地，创新法律人才培养机制。努力造就一批具有优良的思想道德素质、坚定的法治信仰追求、扎实宽广的法律专业知识、娴熟的法律应用技能的复合型法律人才。首届卓越法律人才班面向 2014 年新生在进行面试后择优选拔了 30 名学生

进行精英式教育小班教学培养。同时卓越法学人才培养计划试点专业获批广东省质量工程项目。

② 知识产权辅修专业面向全校二年级以上学生开设，主要目的在于拓宽非法学学生的法律知识面，培养具有社会主义法治理念和基本法律思维、基本掌握知识产权运用、管理和保护的相关法律知识的复合型和应用型知识产权人才，满足社会对复合型学科知识背景的知识产权服务人才，特别是专利代理服务人才的需求。目前知识产权辅修专业首次招生170人。

（2）法学专业有省级教学成果一项、校级教学成果奖一项、省级教学成果奖培育项目一项（见表7‑22）。

表7‑22 获奖具体情况一览表

序号	获奖人	获奖项目	获奖级别
1	郑玉敏、景春兰、王敬华、李益民	法学专业实践教学体系及教学手段改革的研究与实践	东莞理工学院第五届教学成果奖二等奖
2	郑玉敏、强昌文	地方卓越法律人才培养机制创新的理论与实践	2014年度广东教育教学成果奖（高等教育）培育项目
3	强昌文	应用复合型法律硕士培养模式的创新与实践	省级教学成果奖三等奖

（3）法学专业每学期开展有主题的教研活动五次以上。

为配合人才培养方案改革和通过教研活动服务教学，法学专业每学期都会定期举行主题教研活动。除了每年会定期举行毕业论文、毕业实习动员与总结、学生教学座谈会、学生实习动员与总结外，法学专业还多次组织重大主题教学研讨会。近年法学专业主题教研活动主要集中在应用型、实用型和复合型法律人才培养模式的探讨方面，包括研讨知识产权辅修和法律人才卓越班的培养方案、课程改革的研讨等。2014年4月24日，法学专业教研室举办了"法学本科课程体系改革"学术沙龙，法学专业骨干教师与校外15位专家一起探讨：应用型法学本科课程体系改革的理论与实践。本次法学课程改革沙龙，每位法学专业的老师都撰写优质的教研论文，并于2015年汇集成书出版。（见表7‑23）。

表7-23   法学专业重大主题教研活动一览表

主题的教研活动名称	报告人/形式	举办时间	举办单位/地点	参加人
"东莞地方立法工作"调研与研讨会	省人大常委会副主任肖志恒	2015年4月	政法学院经管楼211	全体法学专业老师
"路在脚下，法在心中"的讲座	山大学博士生导师程信和教授	2015年3月	政法学院经管楼211	全体法学专业老师法学卓越班的同学
如何写法学科研论文	吴兴国《江淮论坛》副主编	2015年3月	政法学院经管楼211	全体法学专业老师
《民诉法》修改与其司法解释	全体法学专业老师	2015年3月	国际会展中心	全体法学专业老师
东莞市第三人民法院调研	全体法学专业老师	2015年3月	东莞市第三人民法院	全体法学专业老师
社会科学研究课题申报与研究方法	华南师范大学马克思主义学院院长陈金龙教授	2014年12月	教师发展中心经管楼211	全体法学专业老师
法官三人谈——司法改革	陈斯、陈奎、程春华	2014年12月	校学术交流中心	全体法学专业老师
"如何进行法律思维"学术报告	中国社科院梁慧星教授	2014年3月	校学术交流中心	全体法学专业老师
"中国法学教育现状与走向"学术报告	吉林大学张文显教授	2014年3月	校学术交流中心	全体法学专业老师
法学科研中的问题与方法	华东政法大学教授王申、李桂林	2014年6月	政法学院经管楼211	全体法学专业老师
"法学本科课程体系改革"学术沙龙	校外专家与法学专业骨干老师发言	2014年4月	政法学院经管楼211	全体法学专业老师
"教师职业与法制进步"学术报告	浙江大学葛洪义教授	2014年5月	校学术交流中心	全体法学专业老师

（4）2012 年以来法学专业教师发表教研论文 7 篇（见表 7－25），主持省级、校级教改项目 18 项（见表 7－24）。

表 7－24　法学专业教师教研立项（含教学质量工程）情况一览表

序号	项目名称	负责人	项目组成员	立项批准单位	项目级别	项目状态	项目经费
1	应用型法律人才培养与法学专业实践教学体系改革的研究与实践	郑玉敏	徐　波、王　平、邓　斌	广东省高教厅	省级	结题	1 万
2	重点课程《知识产权法》	龚红兵	韩中节等	东莞理工学院	校级	结题	0.5 万
3	法学课程教学方法与教学手段的改革与实践——促进法学教育与司法考试的良性互动	徐　波	郑玉敏等	东莞理工学院	校级	结题	0.3 万
4	《合同法学》精品课程建设中互动性教学改革与研究	景春兰	郑玉敏、邓新龙、蔡贵峰	东莞理工学院	校级	结题	0.3 万
5	研讨式教学法在《物权法》课程教学中的应用研究	刘兵红	邓新龙、夏能礼、徐　波、景春兰	东莞理工学院	校级	在研	0.5 万
6	合同法学	郑玉敏	韩中节、王敬华、王平等	广东省财政厅	省级	在研	5 万
7	校地合作法学专业人才培养模式研究与实践	徐　波	邓新龙等	广东省财政厅	省级	在研	3 万
8	东莞理工学院—东莞市人民法院大学生实践教学基地	徐　波	邓新龙等	东莞理工学院	校级	在研	1 万

序号	项目名称	负责人	项目组成员	立项批准单位	项目级别	项目状态	项目经费
9	东莞理工学院—东莞市人民法院大学生实践教学基地	徐波	邓新龙、邓云龙、陈斯、胡志炜	广东省高教厅	省级	在研	15万
10	进一步提高《知识产权法》课程双语化、案例化和网络化教学平台建设的研究与实践	龚红兵	韩中节、孙志超、刘兵红、沈亚萍	东莞理工学院	校级	结题	0.8万
11	应用型本科院校《知识产权法》课程案例化、网络化和双语化教学平台建设的研究与实践	龚红兵	张建超、韩中节、刘兵红、沈亚萍、孙志超、罗兆婧	广东省高教厅	省级	在研	1万
12	法学专业综合改革	强昌文	徐波、郑玉敏、龚红兵、林锦照	东莞理工学院	校级	在研	5万
13	法学专业综合改革	强昌文	郑玉敏、龚红兵、邓斌、韩中节、孙志超、廖训强、林锦照	广东省高教厅	省级	在研	20万
14	卓越法学人才培养计划试点专业	郑玉敏	强昌文、沈亚萍、邹琼、廖训强	广东省高教厅	省级	在研	20万

（续表）

序号	项目名称	负责人	项目组成员	立项批准单位	项目级别	项目状态	项目经费
15	普通高校"青年教师信息化新课堂"实验课程——《国际私法学》	王敬华	刘兵红、陈　晨、钟丽华、褚　真、蔡贵峰等	省高教指导委员会	省级	在研	0.5万
16	地方卓越法律人才培养机制创新的理论与实践	郑玉敏	强昌文等	广东省高教厅	省级	在研	0万
17	成果导向教育模式下的《物权法》课程教学设计改革	陈　晨	孙志超等	东莞理工学院	校级	立项	1万
18	OBE教育模式下的《国际经济法》课程教学改革研究	罗兆静	龚红兵等	东莞理工学院	校级	立项	1万
经费总计				75.9万			

表7-25　法学教研室教师发表的教研论文

序号	论文题目	刊物名称	主要作者	刊物级别	发表时间
1	互动性教学法在合同法学教学中的运用	当代教育理论与实践	景春兰	省级期刊	2012年4月16
2	从大学书法课思考大学生写字能力的欠缺	东莞理工学院学报	李益民	省级期刊	2012年12月18
3	法学实践基地建设——校地合作研究	东莞理工学院学报	徐　波	省级期刊	2013年4月16
4	中国香港创业教育的经验及启示	黑龙江高教研究	孙志超	核心期刊	2013年5月1
5	民事诉讼法学教学改革反思与重构	当代教育理论与实践	沈亚萍	省级期刊	2014年8月1

（续表）

序号	论文题目	刊物名称	主要作者	刊物级别	发表时间
6	研讨式教学法在《物权法》课程教学中的应用	广西民族师范学院学报	刘兵红	省级期刊	2014 年 6 月 25
7	研讨式教学法在《物权法》课程教学中的应用	广西民族师范学院学报	刘兵红	省级期刊	2014 年 6 月 25

（二）存在的主要问题及整改措施

1. 存在的主要问题

（1）目前法学专业专任教师为 22 人，学生总数为 687 人，生师比为 31∶1，生师比偏高。

（2）教授数量偏少，导致教师科研方向分散，专业建设的学术支撑不足，教学团队建设滞后。

（3）课程群建设需要加强。

2. 改进的措施和思路

（1）建设一支专兼职结合的师资队伍。首先，采取引进和培养相结合的方式增加高水平教师的数量，在 5 年内教授数量达到 5 名；其次，引进 1~2 名实务界人士充实实践教学，由于卓越班增加了实务课教学，还需要有实务经验的教师准备相应的课程；再次，采取灵活办法吸收实务界人士参与教学，由于实务界人士时间的限制，不适合独立开一门课，因此拟采取由专任教师和兼职教师共同担任一门课程教学工作的方式，或者采取实务界人士开办讲座的方式参与教学。目前东莞市第二人民法院已经承诺负责模拟法庭和调解实务课程，下一步就是组织和管理好实务界人士参与授课的课程。

（2）加强科研团队和教学团队建设，为人才培养提供有效的学术支撑。今年随着法学成为学校重点建设的二级学科以及法学专业有两个科研团队被认定为校级科研团队以及社会治理研究中心和法治东莞协同创新研究中心的建立，政法学院法学专业已经具备了建设更高层次的科研团队的基础；法学专业目前有 5 项在研的省级教改项目，还有正在建设的省级精品课程，近三年已经主编和出版了 3 部教材，这些都使法学专业具备了建设高水平教学团队的基础。下一步就是组织教师集中力量申报高层次课题，集中力量服务于东莞的法治建设，集中优势力量努力培养适应地方需要的卓越法律人才，并把实验班的经验推广到普通班去。法学专业力争在 5 年内建设一支省级科研团队、一支省级教研团队。

（3）进一步完善项目型课程的开设与建设，解决学科教育和培养学生参加司法考试与学生实践能力培养的冲突。项目型课程是指围绕培养专业核心能力，综合运用学生所学过的知识，以专业综合训练为目的、以面向实际问题的项目为形式、融做学练为一体的课程。从 2012 级学生开始，法学专业开设了法学综合实训课程，开课学时长达 196 学时。这门课就是培养法学专业核心能力，综合运用学生所学过法学的知识，以专业综合训练为目的的课程。课程教学内容紧密结合司法考试，通过大量的案例分析、综合训练培养学生理解分析运用法律的能力，做到司法考试训练与培养学生用法能力的有机结合。下一步要总结这门课程开设的经验与不足，完善这门课程的授课方法与技巧，实现综合训练学生用法能力与司考能力的目标。

（4）加强课程群建设，形成从实体法教学到程序法教学再到法律实务教学完整的培养学生理论与实际结合能力的链条。通过课程内容的有效连接，通过由浅到深的循序渐进过程，培养学生理解和运用法律的能力。目前正在研究民法课程群的建设，民法课程群包括实体法、民法总论、物权法、人格权法、合同法、侵权责任法；程序法民事诉讼法；实务课程民法案例实践教学，课程建设内容包括课程大纲、教学课件、案例集、习题集、网站建设、课程录像、网上论坛、网上提交作业、自主测试等。希望通过若干个课程群建设，推动法学教育由学科式理论教育到应用型教育的以能力为中心的转化，实现课程群对专业能力的支撑，专业能力对人才培养目标的支撑。

（三）学科专业建设所取得的成绩

1. 师资队伍建设

（1）法学专业专任教师队伍结构、数量合理，适应专业发展和教学需要，专任教师中具有硕士学位和博士学位的比例≥90％；

（2）有学科带头人强昌文教授，已形成学术梯队，并有数量适宜的骨干教师，发展趋势好；

（3）有可行的青年教师培养计划，计划执行情况好，在学校青年教师教学竞赛活动中获得一等奖；

（4）积极开展教学团队建设，教师队伍有凝聚力，团队精神强；

（5）法学专业来自企业（行业）兼职教师数量为 23 人，在教学中发挥积极作用。

2. 专业建设

（1）专业适应区域经济社会发展的需求，符合学校实际情况，有成熟的学科依托和配套的资源条件支撑，发展潜力好；

（2）专业建设规划思路清晰，目标明确，具体可行，人、财、物等资源条件有保证，建设成效突出；

（3）有合理的专业培养标准，专业培养规格与课程体系的关系清晰合理；

（4）建立有符合规定要求的专业建设指导委员会，来自行业（企业）的校外委员会在专业建设中发挥积极作用。

3. 课程建设

（1）有开展课程建设的规划，措施得力，执行效果好；

（2）有 5 门通过学校验收鉴定的优质课程，有省级精品资源共享课立项；

（3）开发的项目型新课程有 7 门；

（4）十分注重对本行业新理论、新知识、新技术的吸收，教学内容能较快反映社会对应用型人才的需求，两届之间的课程更新≥15 学分；

（5）院系网站教学资源丰富，多数教师通过 QQ 群和课程网站交流平台与学生交流，利用网络和多媒体技术教学效果好。

4. 实践教学条件建设

（1）模拟法庭实验室满足教学需要；

（2）有 23 个校外实习基地，每 10 名毕业生建有一个稳定的、条件良好、管理规范、满足本专业学生实习要求的校外实践教学基地；

（3）知识产权培训基地和知识产权远程教育平台已通过省级验收。

5. 教学研究与改革

（1）在应用型人才培养模式改革方面取得实质性进展，有卓越法律人才班和知识产权辅修等的教学改革成果；

（2）有获省级以上的教学成果奖、校级教学成果奖，有教学成果奖培育项目；

（3）每学期本学科专业开展有主题的教研活动≥5次；

（4）公开发表教学研究论文≥2篇／20人年，近三年有教改项目18项，其中省级项目7项。

三、教学运行

（一）思路、措施和成效

1. 培养方案与执行

（1）法学专业根据东莞及珠三角地区对法律人才的需求，在进行充分的社会调研的基础上，精心设计法律人才培养方案，地方特色鲜明。

法学专业根据学校的人才培养修订要求以及经济社会发展对人才培养的需求，在广泛征求专家意见包括学生意见的基础上制订和修订人才培养方案。根据学校的总体安排，法学专业人才培养方案在2012年进行了修订，修订之后形成了法学专业人才培养方案修订报告（2012年），此外2014年制订了卓越人才培养方案，形成了法学专业（"卓越法律人才培养计划"实验班）本科人才培养方案论证报告。人才培养方案设计经过了认真的社会需求调查，具有地方特色，见法学专业人才培养方案修订报告（2012年）和法学专业（"卓越法律人才培养计划"实验班）本科人才培养方案论证报告。为了满足东莞及珠三角地区制造业科技创新对具有知识产权知识背景的应用型人才的迫切需求，学院制订了东莞理工学院政法学院法学（知识产权方向）辅修专业培养方案，决定依托政法学院，从2014年9月起面向全校非法学专业的学生开设法学（知识产权）辅修专业。

（2）法学专业课程设置与人才培养模式符合培养目标定位，执行严格。

法学专业课程设置与人才培养模式符合培养目标定位，课程设置都得到了严格执行。

（3）法学专业课程教学大纲编写质量高，课程简介齐全，上网查阅方便

法学专业所有课程都有教学大纲，每次上课都要求法学专业教师根据该

133

课程发展的最新情况重新调整内容。学生可以在网上看到所有法学专业的课程大纲和课程简介（详见东莞理工学院政法学院法学专业（2012—2015 年）课程教学大纲汇编和东莞理工学院政法学院（2012—2015）人才培养方案与课程简介汇编）。学生上网查阅大纲和课程简介方便（网址 http：//zfx. dgut. edu. cn/。路径：教学——课程大纲、培养方案与课程简介）。

（4）人才培养方案执行过程中法学专业必修课程没有发生过任何变更。

法学专业认真执行人才培养方案，法学专业所有必修课程没有发生任何变更。

2. 实践教学

法学专业始终强化法学专业实践教学和实习环节。学院结合法学专业的特点和社会对人才培养的要求与需求，不断加强实践教学体系建设，重视法学专业实习、实训基地的建设。在重视通过"模拟法庭"开展模拟案件审理的同时，还积极推进人民法院的"真实案件"进校园活动。

（1）法学专业注重学生司法实践能力的培养，实践教学体系改革与建设成效显著，法学专业实践教学学时比例超过 25%，实践教学环节完善，开设了特色实训课程模拟法庭和法学专业综合实训等课程。

① 特色实践课程的开设

法学专业于 2012 级学生开始，开设 196 学时的法学综合实训课程，2013 级开始把课程名称改为专业综合实训。该课程专门为学生准备司法考试而开设，由法学专业 15 名专任教师参与教学，按国家司法考试大纲知识点进行模块式教学，注重学生的实战性训练，以讲解司法考试中的重点和难点为主要教学内容，帮助学生通过国家司法考试。

从 2013—2014 年下学年开始，政法学院开始酝酿改革"模拟法庭"课程，由司法实务部门与法学专业共同合作开设"模拟法庭"课程，不仅实现法官、律师参与课堂教学，而且实现了巡回法庭进课堂。目前东莞市中级人民法院、东莞市第一人民法院都在东莞理工学院的模拟法庭开过庭，东莞市第一人民法院院长陈斯、东莞市中级人民法院知识产权庭长程春华都亲自挂帅开过庭。

② 法学专业实践教学环节课程设置及课时安排合理（见表 7-26、表7-27）

表7-26 法学专业 实践教学环节课程设置及课时安排表

课程类别	课程名称	周数	学分	实践	上机	开课学期及周数							
						1	2	3	4	5	6	7	8
实践教学	军事训练与教育	2	3	2		2							
	多媒体技术与应用课程设计	1	1	1			1						
	"思政课"社会实践	4	4	4			2		2				
	学年论文	4	4	4					2		2		
	岗位实习（司法考试）	5	5	5								5	
	毕业实习	8	8	8									8
	毕业论文	8	8	8									8
	课内实践		18.5										
合计（8门）		32	51.5	32		2	3		4		2	5	16

表7-27 课内实践（实践课程）一览表

序号	名称	课程性质	学分	开课学期
1	法学专业综合实训	必修	12	5.6
2	模拟法庭	选修	2	6
3	民法实践教学	限选	3	6
4	司法文书	限选	1.5	6
	学分总计		18.5	

（2）实习教学环节严格按照教学计划100%开出，学生对实习的满意度良好。

政法学院法学专业的实习教学环节严格按照教学计划100%开出（见表7-28），执行情况好，学生对实习安排的满意度≥90%（见表7-29）。

表7-28 法学专业实习计划汇总表

院系名称：政法学院 专业名称：法学 学年：2012—2013

专业班级	学生人数	实习名称	计划学分	实习内容	实习方式	实习地点	实习起始时间	指导教师
2009级法学	103	毕业实习	8	法学知识、法律条文、法律程序等的实际应用	集中、分散相结合	公检法系统、党政机关、企事业单位法务岗位	2012.05.14—2012.11.30	法学教研室教师

院系名称：政法学院　专业名称：　法学　学年：　2013—2014

专业班级	学生人数	实习名称	计划学分	实习内容	实习方式	实习地点	实习起始时间	指导教师
2010级法学	100	毕业实习	8	法学知识、法律条文、法律程序等的实际应用	集中、分散相结合	公检法系统、党政机关、企事业单位法务岗位	2013.05.20—2013.11.08	法学教研室教师

院系名称：政法学院　专业名称：　法学　学年：　2014—2015

专业班级	学生人数	实习名称	计划学分	实习内容	实习方式	实习地点	实习起始时间	指导教师
2011级法学	167	毕业实习	8	法学知识、法律条文、法律程序等的实际应用	集中、分散相结合	公检法系统、党政机关、企事业单位法务岗位	2014.05.12—2014.11.07	法学教研室教师

表7-29　学生对实习安排的满意度

班级	总人数	接听电话人数	没接听电话人数（空号、关机、停机等）	安排实习率（%）	对安排实习的非常满意（%）	一般满意（%）	不满意（%）
2008级	133	112	21	100	94	6	0
2009级	103	87	26	100	95	5	0
2010级	100	82	12	100	96	3	0

（3）企业（行业）专家实际参与法学专业实习、实训等课程的学分是15学分（见表7-30），法学专业与司法实务部门签订联合培养卓越法律人才协议（见表7-31），形成稳定合作模式。

表7-30　企业（行业）专家实际参与法学专业实习、实训等课程的学分统计一览表

序号	课程	学分
1	模拟法庭	2
2	岗位实习	5
3	毕业实习	8
总计	3门课程	15

表7-31 与法学专业签订卓越法律人才联合培养协议的司法部门一览表

序号	单 位	负责人
1	东莞市第二人民法院	陈 奎
2	广州市仲裁委员会东莞分会	李非淆
3	广东众达律师事务所	周广荣

3. 教材选用

（1）法学14门核心课程均选用国家教育部指定的由高等教育出版社、中国人民大学出版社、中国政法大学和法律出版社出版的教育部规划教材、国家级重点教材。其他法学课程也均选用教育部规划教材、国家级重点教材和省部级优秀教材。法学专业重视教材的更新换代，缩短使用周期，使用近3年出版新教材的比例达到90%以上。法学专业积极鼓励有双语教学能力的，根据学生的实际情况引进和推荐先进的能反映学科发展前沿的原版教材。（教材选用情况见支撑材料）

（2）法学专业鼓励、支持教师利用自身学科专业优势，编写符合应用型人才培养特点的特色教材，目前编著教材3本（见表7-31）。

表7-31 法学专业教师编写和出版的教材一览表

序号	教材名称	主编	副主编	参 编	出版社	出版时间	备 注
1	新编民法理论与实务	郑玉敏		景春兰、王敬华、沈亚萍、邓新龙	高等教育出版社	2015年2月	"十二五"职业教育国家规划教材
2	合同法学	郑玉敏	韩中节	王敬华、孙志超、景春兰	厦门大学出版社	2014年1月	高校法学"十二五"规划教材系列
3	民法学	郑玉敏	王 平、孙志超	陈 晨	清华大学出版社	2012年2月	高等学校法学系列教材

4. 教师教学投入

（1）教授、副教授100%承担理论教学任务

法学专业现有教授3名、副教授11名，不仅100%承担理论课程教学

任务，而且近三学年来教授承担的理论课程教学任务占理论课总门数的15%，副教授承担的理论课程教学任务占理论课总门数的35%（见表7-32）。

表7-32　教授、副教授承担课程门数比例一览表

学年度	理论课总门数	教授承担课程门数	比　例（%）	副教授承担课程门数	比　例（%）
2012—2013	102	16	15.67	42	41.18
2013—2014	166	24	14.46	53	31.93
2014—2015	156	25	16.03	51	32.69

（2）调停课手续齐全，调停课比例低于总学时的1%（见表7-33）。

表7-33　政法学院调停课情况一览表

序号	单　位	调停课节数	院系总学时数	调停课率（%）	课程门数	时间
1	政法学院	20	3812	0.52	86	2012—2013学年
2	政法学院	82	6333	1.29	96	2013—2014学年
3	政法学院	—	7059	—	119	2014—2015学年
平均				0.91		

（3）法学专业教师严格履行岗位责任，从严治教、备课认真，有教书育人典型及典型材料，无教学事故。

法学专业的每一位教师都能严格履行岗位责任，从严治教、备课认真、无私奉献、默默无闻地把自己的青春和热情奉献给党的教育事业，奉献给学生，涌现出了李益民、强昌文、龚红兵和沈亚萍等多位优秀教师、教书育人师德标兵（见表7-34）。近三年来，法学专业老师没有发生一起教学事故。

表7-34　2012/2013/2014学年度法学专业教书育人典型及典型材料一览表

学年度	荣誉称号	教　师
2011—2012	教书（管理、服务）育人先进个人	李益民
2012—2013	优秀教师	强昌文

（续表）

学年度	荣誉称号	教师
2012—2013	优秀教师	龚红兵
2012—2013	师德标兵	李益民
2013—2014	优秀教师	沈亚萍

（4）法学专任教师中担任学生课外科技活动（竞赛、创新创业训练项目、吸纳学生参与教师科研课题）指导教师（见表 7-35）或班主任比例≥60%（见表 7-36）。

表 7-35　教师中担任学生课外科技活动指导教师比例统计表

专业名称：法学

序号	教师姓名	指导内容（竞赛、创新创业训练项目、吸纳学生参与教师科研课题）	指导时间
1	王敬华	大学生创新创业训练计划项目"民间借贷的法律规制"	2012.10—2014.03
2	王敬华	大学生创新创业训练计划项目"广东省民间借贷的现状与法律规制"	2011.12—2013.03
3	法学教研室	每年两次指导"模拟法庭"	2012—2015
4	法学教研室	每年指导学生进行"12·4"法制宣传	2012—2014
5	法学教研室	指导卓越法律人才班学生阅读法学经典名著（双导师制）	2014—2015
6	法学教研室	指导学生辩论赛	2012—2014
7	法学教研室	指导学生演讲比赛	2012—2015
8	法学教研室	担任班主任	2012—2015
9	陈　晨	东莞理工学院 DIY 手工俱乐部	2014—2015
比例（法学专业教师人数为 22 人）	2012—2013	2013—2014	2014—2015
	70%	75%	78%

表 7-36　法学专任教师中担任学生班主任比例统计表

2014 学年度法学专业　卓越班班主任

学年度	班级	教师	比例
2014—2015	2014 级法律卓越班（名）	沈亚萍、廖训强	—

2014 学年度法学知识产权辅修专业　班主任

学年度	班　级	教　师	比　例
2014—2015	2014 级法学知识产权辅修专业班（160 名）	龚红兵、张建超	—

法学专业　教师担任学生班主任统计表

序　号	教师姓名	担任班级	指导时间
1	李益民	2010 法学 1 班	2012—2013
2	龚红兵	2011 法学 1 班	2012—2013
3	景春兰	2011 法学 1 班	2012—2013
4	沈亚萍	2011 法学 4 班	2012—2013
5	沈亚萍	2011 法学 2 班	2012—2013
6	龚红兵	2010 法学 1 班	2013—2014
7	龚红兵	2010 法学 2 班	2013—2014
8	沈亚萍	2011 法学 1 班	2013—2014
9	沈亚萍	2011 法学 2 班	2013—2014
10	罗兆婧	2011 法学 3 班	2013—2014
11	罗兆婧	2011 法学 4 班	2013—2014
12	李益民	2011 行管 1 班	2013—2014
13	李益民	2011 行管 2 班	2013—2014
14	沈亚萍	2011 法学 1 班	2013—2014
15	沈亚萍	2011 法学 2 班	2013—2014
16	罗兆婧	2011 法学 3 班	2013—2014
17	刘兵红	2012 法学 1 班	2013—2014
18	邓新龙	2013 法学 1 班	2013—2014
19	邓新龙	2013 法学 2 班	2013—2014
20	刘兵红	2011 法学 1 班	2014—2015
21	刘兵红	2011 法学 2 班	2014—2015
22	罗兆婧	2011 法学 3 班	2014—2015
23	罗兆婧	2012 法学 4 班	2014—2015
24	景春兰	2012 法学 3 班	2014—2015
25	景春兰	2012 法学 4 班	2014—2015

（5）教师对人才培养目标、学生能力训练与所承担课程之间关系有清晰认识，能形成清晰的培养理念并能体现于日常教学设计和教学过程。在法学专业教师的教学大纲撰写上，法学教研室要求教师对所授课程提出案例教学、研讨的具体要求，明确案例教学、研讨的具体课时；在教学方法上，鼓励法学老师积极开展"案例"教学；在人才培养模式上，法学专业教师不断创新人才培养模式，如开设"卓越法律人才"班，结合珠三角地区对知识产权人才的需求开设"法学（知识产权）辅修专业"等。

5. 考试改革

（1）考试内容与方法改革取得实质成效。政法学院法学专业致力于培养高素质的应用型法学专业人才。为了实现法学专业的培养目标，法学专业在考试内容与方法方面不断进行改革，取得实质性成效。法学专业考试内容与方法改革主要包括以下几方面：①课程考试内容与司法实务相联系；②课程考试内容与司法考试要求紧密联系；③课程考试方法多样化。

（2）法学专业3学分以上的理论课程均安排有期中测试，评阅规范（见表7-37）。

表7-37 3学分以上的理论课程期中测试试卷与成绩分析课程一览表

序号	课程名称	班　级	学时	任课教师	学　　期	考核方式
1	刑法学	14法学1、2、3、4	3	邓　斌	14-15（二）	开卷
2	民法学	14法学1、2、3、4	3	王　平	14-15（二）	开卷
3	经济法学	13法学1、2、3、4	3	郑玉敏	14-15（二）	开卷
4	国际私法	13法学1、2、3、4	3	王敬华	14-15（二）	开卷
5	民事诉讼法学	13法学1、2、3、4	3	沈亚萍	14-15（二）	开卷
6	民法总论	14法学（卓越法律人才班）	3	郑玉敏	14-15（二）	开卷
7	刑法学	14法学（卓越法律人才班	3	吉海荣	14-15（二）	开卷
8	行政诉讼法	13法学1、2、3、4	3	廖训强	14-15（二）	开卷
9	司法文书	12法学1、2、3、4	3	廖训强	14-15（二）	开卷

（3）法学专业核心课程有1门实行教考分离（见表7-38）。

表7-38　实行教考分离的专业核心课程一览表

序号	课程名称	学时	任课教师	参加教考分离班级名称	考核方式
1	物权法学	48	陈　晨	2012级法学1-4班	闭卷考试

（4）法学专业试卷命题要求反映教学大纲重难点，题型多样化。考试题型既要有主观试题，又要有客观试题，紧密结合法学专业的特点，考试内容和考试题型尽量与司法考试衔接。因此法学专业的试卷中案例题、选择题占有的比例较大。由于每位老师需要提供两份标准试卷，并提供标准答案和评分标准。要求老师提供的试卷结构和题量合理，试题难易适度。因此法学专业的学生的考试成绩可以做到呈正态分布。

（5）每位老师都会提供试卷分析。根据学生成绩总结试卷，总结教学过程。阅卷评分规范，试卷分析客观，对改进教学有很好的指导作用。

6. 毕业论文（设计）

（1）毕业论文（设计）工作过程管理规范。毕业论文是文科学生综合素质训练的最后环节。政法学院非常重视法学本科生的毕业论文工作，成立了毕业论文指导委员会，专门制定了《毕业论文评分标准》和《毕业论文答辩评分标准》等一系列规范文件，按照学校的进度要求规定了政法学院的毕业论文进度要求。加强对毕业论文从选题、指导、构思、开题、研究、答辩等各个主要环节的过程管理。同时，建立导师、学生的论文指导定期联系制度，加强对选题、查阅文献、构思方案、研究实施、撰写论文和答辩等环节的过程管理，并结合期中教学检查、专业检查进行监督和管理，加强毕业论文工作的质量监控。

（2）毕业论文（设计）选题反映培养目标要求，达到综合训练的目的，题目来自生产实际的比例≥80%，成绩等级评定合理。法学专业教师非常重视学生毕业论文的选题，通过采取组织教授、副教授参与本科生毕业论文开题与答辩，并最早确定选题。法学专业毕业生的毕业论文（设计）选题均反映法学专业的培养目标要求，达到综合训练的目的。近年来法学专业规范了毕业论文的选题过程，实行教师、学生双向选择制度。毕业论文选题实现1人1题。法学专业要求所有论文选题都要理论联系实际。

论文字数不低于6000字，论文必须是法学的现实问题和具体问题。严格禁止论文选题过大、过空。

（3）毕业论文（设计）写作规范合格率100%。通过加强对毕业论文工作的严格监控，毕业论文的整体质量明显提高。政法学院从任务书、开题报告、正文、归档、评议各个环节都制定严格的规范，并且严格执行。毕业论文答辩前全部要进行内容审查和论文格式审查。毕业论文写作规范合格率达100%。毕业论文、毕业论文工作手册、毕业论文答辩记录表、毕业论文工作总结等材料齐全，法学专业的论文写作、归档情况在历次教务处的检查中都受到好评。

（二）教学运行存在的问题与对策

1. 存在的问题

（1）未能充分发挥实务界对人才培养、教学的参与，未能充分利用东莞市的司法资源服务于人才培养。

（2）实习环节未能实施有效监控和管理，部分学生实习流于形式。

（3）部分法学专业老师选定的教材理论性过强，不适合应用型法律人才的培养。

（4）考试过程有待规范，教考分离和期中考试需要严格落实。

（5）毕业论文选题仍缺乏针对性和实用性，毕业论文的质量需进一步提高，毕业论文管理的过程还需要进一步完善。

2. 改进的措施和思路

（1）要进一步加强"双师型"师资队伍的建设，充分发挥东莞市优秀司法资源的优势，在东莞市的法治建设过程中，积极培养符合地方经济和社会发展需要的应用型法律人才。

（2）加强对实习环节的监控：增强法学专业实习带队老师的责任心，严格实习的相关纪律，提高实习效果。在专业实习中采用由学校同有关单位（如实习基地）联系的组织方式取代学生自行联系方式，充分发挥实习基地的作用，使实习取得实效。充分利用新成立的实习基地，严格实习成绩评定标准，设立毕业实习跟踪，提高实习效果。在实习过程中，应积极发挥司法实习单位中"双师型"专家、教授的作用。

（3）积极鼓励法学专业的教师结合所选用的教材授课，在时间允许的情况下，鼓励法学专业教师拓展讲课内容，以拓宽学生的知识面。积极鼓励法学专业的教师结合珠三角经济和社会发展状况，编撰相应的法学教材和辅导教材。

（4）规范考试过程如下：

① 规范期中考试过程，增加期中考试的题量。

② 建立相应的期中考试的各项抽查制度。

③ 严格落实学校有关"教考分离"的各项规定，积极鼓励有条件的法学核心课程的老师实施"教考分离"，不断提高法学专业核心课程实行"教考分离"的课程的门数。

④ 继续探索、完善考试方式的改革，尝试口试和能力测试。

⑤ 严格落实教考分离和期中考试。考试是检验学生学习效果的过程，也是督促学生学习的过程。目前法学专业的考试内容改革成绩显著，案例分析是法学专业的考试最常见的题型，此外三门课程都安排了期中考试。目前主要是期中考试的出题与评阅较随意，存档没有及时跟上。教考分离课程较少。下一步会严格落实学校有关教考分离和期中考试的要求，加强管理。继续完善口试改革，尝试进行口试和能力测试考试。积极鼓励有条件的法学核心课程的老师实施考教分离，建立相应的期中考试的各项抽查制度，不断提高法学专业核心课程实行教考分离的课程的门数。

（5）加强对毕业论文的指导及答辩工作，加强毕业论文质量把关工作。同时在本科毕业生论文工作安排中，注重对选题创新性和价值性的考量，做好毕业论文管理和安排计划。

（三）自评结论

本环节自评等级为 A 级，分数为 44 分，教考分离扣 1 分

1. 培养方案与执行

自评等级 A 级，自评得分 8 分。

（1）人才培养方案设计经过了认真的社会需求调查，具有地方特色，依据充分；

（2）课程设置与人才培养模式符合培养目标定位，执行严格；

（3）课程教学大纲编写质量高、课程简介齐全、上网查阅方便；

（4）人才培养方案执行过程中必修课程没有变更。

2. 实践教学

自评等级 A 级，自评得分 10 分（本环节选取了没有实验室的打分方法）。

（1）注重实践能力培养，实践教学体系改革与建设成效显著；

（2）实习教学环节严格按照教学计划 100% 开出，执行情况好，学生对实习安排的满意度≥90%；

（3）企业（行业）专家实际参与实习、实训等课程的学分是 15 学分，形成了稳定的合作培养模式，有合作协议，效果明显。

3. 教材选用

自评等级 A，自评得分 3 分。

（1）制定有适合本院（系）专业特点的教材建设及选用制度；

（2）利用自身学科专业优势，编写有重点支持、符合应用型人才培养特点的特色教材三部。

4. 教师教学投入

自评等级 A 级，自评得分 8 分。

（1）教授和副教授 100% 承担理论课程教学任务；

（2）教师严格履行岗位职责，从严治教、备课认真，有教书育人典型及典型材料，无教学事故；

（3）专任教师中担任学生课外科技活动（竞赛、创新创业训练项目、吸纳学生参与教师科研课题）指导教师或班主任比例≥60%；

（4）教师对人才培养目标、学生能力训练与所承担课程之间关系有清晰认识，能形成清晰的培养理念并能体现于日常教学设计和教学过程。（本观测点打分为估分）

5. 考试与改革

自评等级 A 级，但是专业核心课程实行教考分离的平均课程门数 1 门等级 B。自评得分 9 分。

（1）考试内容与方法改革取得实质成效；

（2）3 学分以上的理论课程均安排有期中测试，评阅规范；

（3）专业核心课程实行教考分离的平均课程门数 1 门；

（4）命题准确反映教学大纲的重难点，试卷结构和题量合理，试题难易适度，有标准（参考）答案，评分标准科学；

（5）阅卷评分规范，试卷分析客观，对改进教学有很好的指导作用。

6. 毕业论文

自评等级 A，自评得分 6 分。

（1）毕业论文（设计）工作过程管理规范；

（2）毕业论文（设计）选题反映培养目标要求，达到综合训练目的，题目来自生产实际的比例≥80%，成绩等级评定合理；

（3）毕业论文（设计）写作规范合格率 100%。

四、教学质量

（一）教学质量基本情况

1. 学生基础理论与基本技能

（1）可比性主要公共基础课程统考平均成绩

2013—2014 学年度，法学专业学生公共基础课程"计算机基础"，平均成绩为 75.2 分，全校排名第 16 名（见表 7-39）。

表 7-39　可比性主要公共基础课程统考平均成绩排名

课程名称：计算机基础　　　　学年度：2013—2014

开课专业	平均成绩	学校排名
法学	75.2 分	16

（2）大三学生专业综合测试成绩合格率（本观测点由学校统一组织测试）

（3）毕业班英语四级累计通过率

2009 级法学 1 班专业学生英语累计通过率为 92.31%，排名为第 9 名；2009 级法学 2 班专业学生英语累计通过率为 80.39%，排名为第 25 名；2010 级法学 1 班专业英语累计通过率为 80%，排名为第 26 名；2010 级法学 2 班专业英语累计通过率为 84%，排名为第 19 名（见表 7-40）。

表7-40　毕业班英语四级累计通过率全校排名统计表

学年度学期：2012—2014

专业名称	毕业班级	CET-4 累计通过率（%）	全校排名	备　注
法学	2009 级法学 1 班	92.31	9	班级排名，总共63个班级
法学	2009 级法学 2 班	80.39	25	班级排名，总共63个班级
法学	2010 级法学 1 班	80	26	班级排名，总共67个班级
法学	2010 级法学 2 班	84	19	班级排名，总共67个班级

数据来源：教务处。

（4）考研录取率

近三年，法学专业共有4名学生考取研究生。2013年，法学专业毕业生101人，有2人考取研究生，录取率为1.98%；2014年，行政管理专业毕业生100人，有2人考取研究生，录取率为2.00%（见表7-41）。

表7-41　考研录取率全校排名统计表

学年：2013 年

院系名称	应届毕业生人数	考研录取人数	考研录取率	全校排名	备　注
政法学院	101	2 人	1.98%		

数据来源：学生处、学生处就业软件。

学年：2014 年

院系名称	应届毕业生人数	考研录取人数	考研录取率	全校排名	备　注
法学专业	100 人	2 人	2.00%		

2. 学生实践与创新能力

（1）学生参加学科竞赛

近三年来，法学专业学生积极参加各类学科竞赛，在各类学科竞赛中，共获得146项奖项。其中市级奖励4项、省级奖励2项、国家级奖励1项（见表7-42）。

表7-42　法学专业学生参加学科竞赛情况一览表

序号	各类学科竞赛名称	参与学生名单	学生所在班级	项目或赛事级别	是否获奖
1	第八届全国青少年冰心文学奖大赛银奖	黄嘉家	2014 法学 3 班	国家级	是
2	2014 年第四届图书馆杯广东全民英语口说大赛	庄礼龙	2011 法学 4 班	省级	是
3	2014 年广东大中专学生志愿者暑假文化科技卫生"三下乡"社会实践活动优秀团体	钟冬妮	2012 法学 2 班	省级	是
4	2014 年东莞高校微电影比赛	王宝淇	2013 法学 3 班	市级	是
5	2014 年思维原点与口才三校联赛演讲比赛	杨国桃	2013 法学 3 班	市级	是
6	2014 年东莞市第二届高校微电影大赛	张帆	2013 法学 3 班	市级	是
7	2014 年东莞市高校艾滋病微小说创作大赛	麦倩敏	2012 法学 3 班	市级	是

（2）学生发表论文和文学作品情况

学生在正式报纸刊物上发表科研论文或文学作品情况见表7-43所列。

表7-43　近三年来法学专业学生发表的文学作品

序号	论文名称	学生姓名	年级专业班级	刊物名称	发表时间	级　别
1	《菩提心》	李宛玲	2014 法学 3 班	全国青少年冰心文学银奖（2013 年）	2013 年 4 月	国家级
2	《目送他们的背影》	黄嘉家	2014 法学 3 班	第八届全国青少年冰心文学大赛银奖	2013 年 7 月	国家级
3	《目送他们的背影》	黄嘉家	2014 法学 3 班	"帕特杯"作文大赛少年组优秀奖	2013 年 10 月	国家级

（3）参加并完成省、校创新创业的学生占比

法学专业学生知识面较广泛，参与的省、校创新创业项目领域比较广泛，不仅限于与自身专业相关的领域（见表7-44）。

表7-44　学生参加并完成省、校创新创业项目的学生所占比例较低

院系名称：政法学院　　　专业名称：法学

序号	项目名称	学生姓名	年级专业班级	项目级别	参与时间	指导教师
1	微客	邓立煌	2013 法学 3 班	校级	2014	理阳阳
2	浅述廉江红橙黄龙病病因和防治措施	冯青诗	2014 法学卓越班	省级	2013	邓小兵
3	民间借贷的法律规制研究	陈江瑜	2010 法学	省级	2012—2014	王敬华
4	民间借贷的法律规制研究	沈兰兰	2010 法学	省级	2012—2014	王敬华
5	民间借贷的法律规制研究	莫小婷	2010 法学	省级	2012—2014	王敬华
6	民间借贷的法律规制研究	曾丽晓	2010 法学	省级	2012—2014	王敬华
7	民间借贷的法律规制研究	陈江瑜	2010 法学	校级	2011—2013	王敬华
8	民间借贷的法律规制研究	沈兰兰	2010 法学	校级	2011—2013	王敬华
9	民间借贷的法律规制研究	莫小婷	2010 法学	校级	2011—2013	王敬华
10	民间借贷的法律规制研究	曾丽晓	2010 法学	校级	2011—2013	王敬华
11	高校实验室安全与法律救济机制研究	汤　静	2010 法学	省级	2013—2014	王敬华
12	高校实验室安全与法律救济机制研究	张书香	2010 法学	省级	2013—2014	王敬华

（续表）

序号	项目名称	学生姓名	年级专业班级	项目级别	参与时间	指导教师
13	高校实验室安全与法律救济机制研究	莫玉兰	2010 法学	省级	2013—2014	王敬华
14	高校实验室安全与法律救济机制研究	梁衍宝	2010 法学	省级	2013—2014	王敬华

（4）获取教务处认可的职业资格证书的学生比例

法学专业学生获得教务处认可的资格证书比例为 2011 级 186%、2012 级 153%、2013 级 100%、2014 级 33%（见表 7-45）。

表 7-45 学生获得职业技能等级证书情况统计表

院系名称：政法学院　　　　专业名称：法学

序号	职业技能类型名称	年级	学生数	通过人数	通过率（%）
1	BEC 剑桥商务英语中级			2	
2	会计从业资格证			1	
3	计算机二级证书			30	
4	计算机一级证书			87	
5	驾驶证			65	
6	普通话水平测试			50	
7	保险从业人员资格证	2011 级	167	1	
8	化学检验工三级			9	
9	教育学			2	
10	心理教育合格证书			5	
11	证券从业资格			3	
12	食品检测工三级			14	
13	司法考试			41	
总计				310	186

（续表）

序号	职业技能类型名称	年级	学生数	通过人数	通过率（%）
1	BEC 剑桥商务英语中级			1	
2	会计从业资格证			1	
3	计算机二级证书			51	
4	计算机一级证书			93	
5	驾驶证	2012 级	151	30	
6	普通话水平测试			45	
7	韩国能力等级考试二级			1	
8	广东省高等教育自学考试课程（两学）合格证书			9	
总计				231	153
序号	职业技能类型名称	年级	学生数	通过人数	通过率（%）
1	会计从业资格证			2	
2	计算机二级证书			36	
3	计算机一级证书	2013 级	175	80	
4	驾驶证			20	
5	普通话水平测试			36	
6	证券从业资格考试			1	
总计				175	100
序号	职业技能类型名称	年级	学生数	通过人数	通过率（%）
1	保险从业人员资格证			2	
2	计算机一级证书	2014 级	194	56	
3	驾驶证			5	
4	古筝 6 级			1	
总计				64	33

数据来源：政法学院统计。

国家统一司法考试是法学专业学生积极参与的国家级法律从业资格考试，近三年的全国通过率均维持在10%左右。而我校法学专业学生的通过率在近三年基本维持在30%左右，体现出扎实的法学理论功底（见表7-46）。

表7-46　我校法学专业学生司法考试通过率一览表

院系名称：政法学院　　　　专业名称：法学

序号	职业技能类型名称	年级	学生数	通过人数	通过率（%）	通过率（%）国家标准
1	司法考试	2009级	103	29	28.2	12
2	司法考试	2010级	100	33	33	11
3	司法考试	2011级	147	41	27.8	10

3. 社会声誉

（1）第一志愿录取率或录取平均分数（分文理科）（数据来源、学生处）

2012年，法学专业共录取155人，其中第一志愿录取人数达39人，第一志愿录取率25.16%，校内排名第23。录取平均分数为561.38分，在全校文科专业中排名第9（见表7-47、表7-48）。

表7-47　第一志愿录取率及其在全校院系或专业排名统计表

学年：2012—2013　　　　学科类别：人文社科

专业名称	录取人数	第一志愿录取人数	第一志愿录取率（%）	校内排名
法学	155	39	25.16	23

表7-48　录取平均分数（分文理科）在全校专业排名统计表

学年：2012—2013　　　　学科类别：人文社科

专业名称	第一志愿录取平均分	校内排名	备　注
法学	561.38	9	

2013年，法学专业共录取169人，其中第一志愿录取人数达60人，

第一志愿录取率为 35.5%，在校内排名第 19；录取平均分数为 561.38 分，在全校文科专业中排名第 10（见表 7－49、表 7－50）。

表 7－49　第一志愿录取率及其在全校院系或专业排名统计表

学年：2013—2014　　　学科类别：人文社科

专业名称	录取人数	第一志愿录取人数	第一志愿录取率（%）	校内排名
法学	169	60	35.50	19

表 7－50　录取平均分数（分文理科）在全校专业排名统计表

学年：2013—2014　　　学科类别：人文社科

专业名称	第一志愿录取平均分	校内排名	备　注
法学	563.13	10	

2014 年，法学专业共录取 191 人，其中第一志愿录取人数达 55 人，第一志愿录取率 28.80%，在校内排名第 23；录取平均分数为 548.87 分，在全校文科专业中排名第 9（见表 7－51、表 7－52）。

表 7－51　第一志愿录取率及其在全校院系或专业排名统计表

学年：2014—2015　　　学科类别：人文社科

专业名称	录取人数	第一志愿录取人数	第一志愿录取率（%）	校内排名
法学	191	55	28.80	23

表 7－52　录取平均分数（分文理科）在全校专业排名统计表

学年：2014—2015　　　学科类别：人文社科

专业名称	第一志愿录取平均分	校内排名	备　注
法学	548.87	9	

（2）本专业转入人数/转出人数比（数据来源、教务处）

近三年来，法学专业转入转出趋势基本持平。2012—2013 学年度，转出人数 7 人，转入人数为 0 人；2013—2014 学年度，转出人数增至 15 人，转入人数为 2 人；2014—2015 学年度，转出人数减少至 7 人，转入学生为 1 人（见表 7－53）。

表7-53 专业转入转出情况在全校排名统计表

学年：2012—2013

专业名称	专业转出人数	专业转入人数	（专业转入人数-转出人数）/专业原来人数	校内排名	备注
法学	7	0	−0.05	19	
说明：备注栏可注明转出的专业和转入的专业					

学年：2013—2014

专业名称	专业转出人数	专业转入人数	（专业转入人数-转出人数）/专业原来人数	校内排名	备注
法学	15	2	−0.07	25	
说明：备注栏可注明转出的专业和转入的专业					

学年：2014—2015

专业名称	专业转出人数	专业转入人数	（专业转入人数-转出人数）/专业原来人数	校内排名	备注
法学	7	1	−0.03	18	
说明：备注栏可注明转出的专业和转入的专业					

（3）就业质量与就业率（数据来源、学生处）（见表7-54、表7-55）

表7-54 近3年法学专业毕业生就业情况一览表

年份	政府部门	事业单位	企业	升学	其他
2012	8人	62人	111人	2人	0人
2013	29人	45人	168人	0人	2人
2014	18人	9人	139人	3人	12人

表7-55 法学专业毕业生就业率一览表

年份	专业名称	就业率（%）	全校排名	备注
2012	法学	68.22	30	
2013	法学	100	1	
2014	法学	83.67	26（总共34个专业）	

（4）用人单位对毕业生满意率（数据由教务处提供）

社会用人单位对政法学院毕业生的职业道德、沟通协调能力最为满意；其次是吃苦耐劳品质、抗压能力、实践操作能力；再次是形象气质、团队合作能力、信息搜集能力、应变能力、学习能力、创新能力、时间管理能力、专业知识水平和计算机水平。社会用人单位对政法学院毕业总体是认可的，认为毕业生在校期间接受了系统专业知识的学习以及能力培养训练，知识水平和综合素质较高、实践操作能力较强（数据来源：教务处《毕业生调查报告》）。从学校所提供的相关调查数据看，相关用人单位对政法学院毕业生满意率为100%。

（5）应届毕业生对专业的满意率（数据由教务处提供）

近三年来，法学专业应届毕业生对专业教学的满意率较高，三年平均满意率达到85%，在校内排名名列前茅。2012年达到94.2%，2013年达到80.6%，2014年达到78.9%（见表7-56）。

表7-56　应届毕业生对专业教学满意度调查统计表

年度：2012　　　　　学科类别：人文社科

专业名称	所在院系	应届毕业生对专业教学满意率（%）	校内排名	备　注
法学	政法学院	94.2	4	共27个本科专业

年度：2013　　　　　学科类别：人文社科

专业名称	所在院系	应届毕业生对专业教学满意率（%）	校内排名	备　注
法学	政法学院	80.6	2	共33个本科专业

年度：2014　　　　　学科类别：人文社科

专业名称	所在院系	应届毕业生对专业教学满意率（%）	校内排名	备　注
法学	政法学院	78.9	6	共33个本科专业

155

（6）往届毕业生对学校的满意率（数据由教务处提供）

根据学校提供的"往届毕业生对学校的满意率调查统计表"，法学专业往届毕业生对专业教学满意率达78.31%，在全校33个专业中排名第10（见表7-57）。

表7-57　往届毕业生对学校的满意率调查统计表

年度：2014　　　　　　学科类别：人文社科

专业名称	所在院系	往届毕业生对学校的满意率（%）	校内排名	备　注
法学	政法学院	78.31	10	全校共33个专业

（二）成绩分析

　　由于法学专业的录取分数和第一志愿率在东莞理工学院相对靠后，因此文理工科同一标准评估使得法学专业无法在培养质量方面占据明显优势。但是法学专业的司法考试率超过全国平均通过率的3倍，足以说明法学专业学生的培养质量成效明显。司法考试是国家标准考试，我校其他职业认证资格无法与其相比。当然由于法学专业的特殊性，学生在2年级需要投入全部精力准备司法考试，因此肯定会影响学生考研、参加比赛以及发表论文等，客观上导致法学专业以上指标不突出。综合考虑法学专业学生的培养质量较高。法学专业在师资队伍建设、教学内容及教学方法的改革等方面，进行了较为成功的尝试，在学生基本理论与基本技能的掌握、实践与创新能力的培养等方面取得了较好的成果，得到了来自用人单位和毕业生的好评，社会声誉良好。毕业班英语四级通过率和考研录取率在全校排名靠前，显示出法学专业学生除了法学理论功底较好之外，对英语等基本技能的掌握情况也比较理想。其次，法学专业在教学方法和手段上均进行了有益的创新，在教学中注重学生实践与创新能力的培养，将法学理论与实践紧密结合。以学生为本，强化学生的实践，提高学生分析问题、解决问题的能力。通过模拟法庭实训，提高学生理解法律、实际运用法律的能力，为以后顺利步入工作岗位奠定坚实的基础。鼓励和吸收学生参与各类创新创业项目，在全国以及省市的各类学科竞赛中，法学专业学生体现了较高的综合素质，获得了较多的奖项。此外，在教学中，教师还注重帮助学生通过国家统一司法考试，近三年来，法学专业学生通过国家统一司法考试的比例约为30%，大大超过10%左右的全国平均通过率，取得了引人注目的好成绩。最后，法学专业培养的学生在毕业后对本专业充满感情，满意率较高。经过调查，法学专业学生毕业后的工作表现也得到用人单位的普遍认可，取得了良好的社会声誉。

1. 学生基本理论与能力

（1）法学专业学生的计算机基础课成绩虽然在全校排名中等，然而这是和理工科学生一起进行比较的结果，并不真正具有可比性。在文科院系中，法学专业学生排名相对靠前；

（2）大三（大四）学生专业综合测试成绩合格率达到90%以上；

（3）毕业班英语四级累计通过率在全校排名中上；

（4）考研录取率在全校排名比较靠前。

2. 学生实践与创新能力

（1）法学专业学生参加学科竞赛获得省级以上奖项超过两项；

（2）学生发表作品为三篇；

（3）参加并完成省、校创新创业项目的学生占比较低；

（4）国家司法考试通过率为30%，大大高于全国平均通过率；法学专业学生获得教务处认可的资格证书人数为749人次，法学专业在校学生为687人，比例为100%。

3. 学术声誉

（1）近三年，法学专业的第一志愿录取率和录取平均分排全校专业的50% ~ 75%之间；

（2）近三年专业转出人数高于转入人数；

（3）近三年统计毕业生就业率排名虽然靠后，单本统计没有科学性。我们掌握的情况是就业率接近100%；

（4）用人单位对毕业生满意率100%；

（5）应届毕业生对专业满意率高于85%；

（6）往届毕业生对学校满意率为78%。

（三）存在的问题与对策

1. 存在的问题

（1）从学生基本理论与基本技能掌握方面看，由于法学专业学生普遍为文科类考生，因而计算机基础课成绩不高。

（2）学生英语四级累计通过率在全校排名各个班级差别很大。

（3）从考研的学生比例来看，由于受到学校培养应用型人才定位的影响，学生对理论研究的兴趣比较淡薄，考研动力不足。

（4）法学专业第一志愿录取率较低，大致维持在25%～36%，平均录取分数在全校大致位于中等偏下水平，且新生入学后要求转出的人数近三年都超过转入人数，显示法学专业对学生的吸引力有待增强。

2. 改进的措施和思路

（1）法学专业学生的公共课和英语四六级考试成绩还存在很大的提高空间，未来可以通过加强计算机应用与培训等方式加以提高。但是也需要注意，在文科类院系中，法学专业计算机基础课成绩相对较高。学生英语四级累计通过率在全校排名中各个班级差别很大，有的班级成绩在全校名列前茅，其他班级属于中等偏上。但总体来说还可以通过加强英语应试技能教育等途径进一步提高。我校法学专业虽然强调培养应用型人才，但同时对少数有浓厚的理论研究兴趣、有意向考研的学生也应大力鼓励，且为其考研创造有利条件，加强考研辅导。

（2）在学生实践与创新能力培养方面来看，法学专业学生知识面较宽广，综合素质较高，具有较强的写作能力，积极参与社会实践，锐意创业，取得了较好的成绩，但依然存在较大的提升空间。首先，受备战司法考试因素影响，参与省、校创新创业项目的学生比例仍不高。解决途径如下：

① 需要动员与激励更多学生参与，学校与院系应当为学生参与创新创业提供更好的条件和更多的支持，例如鼓励教师的科研课题吸纳学生参与。

② 完善研究型教学，强化培养学生的创新能力。当前，由于扩招与师资力量有限，学生上课通常是大班上课，即使教师采取互动型教学方式，也难以让每个学生都有参与机会。因此，可以考虑增加若干选修研究型课程，这些课程实行小班（通常不多于30人）上课，实现从教师讲授为主到相互讨论、课题调研为主的转变。其次，司法考试通过率虽然达到30%，大大高于全国平均通过率。虽然作为法学专业学生，通过司法考试获得法律从业资格是基本从业门槛和要求，但仍需要通过积极举行司法考试专项辅导等活动，进一步提高司法考试的通过率。

③ 为了进一步提高学生的实践与创新能力，学生的课余活动及校外第二课堂的建设有待加强。学生的课余活动应形成一个完整的体系，包括写作、演讲、辩论、各种类型的学科竞赛等。此外应积极建设第二课堂，包括假期社会实践和社会调查活动，到法院、检察院等司法机关和律师事务所等专门法律服务机构进行旁听、实习。

（3）在社会声誉方面，总体来看法学专业具有良好的社会声誉，但在未来，依然面临诸多严峻的挑战。首先，法学专业第一志愿录取率较低，大致维持在25%～36%；平均录取分数在全校大致位于中等偏下水平，且新生入学后要求转出的人数近三年都超过转入人数，显示法学专业对学生吸引力有待增强。因此，院系有必要强化招生宣传，吸引更多优质生源报考法学专业；另外，对已经入学的新生要适时开展内容生动活泼的专业介绍，例如邀请一些有成就的法学专业毕业生现身说法，防止他们流失到其他专业。其次，学生毕业去向既有到公检法和行政机关担任公务员，也有很大一部分在企业工作。因此，需要进一步加强企业法律实务训练，在课程设计方面应根据实际需要进行适当调整，优化课程。

① 在校外实习基地的建设上，不要仅仅着眼于政府部门，还要与一些本土大型的或优秀的企业建立联系；另外，考虑到未来法学专业的毕业生中可能会有更多的人到社会组织就业，还应当与社会组织合作，建立实习基地，从而使得实习基地的类型更加多元化，人才的培养更加多元化。

② 进一步加强与司法实务部门精英的制度化联系。为了克服专任教师缺乏社会实践经验的劣势，有必要扩展校外兼职教师队伍，这些兼职教师应当是来自国家机关、企业、社会组织、事业单位、人民团体等组织的法律职业精英，他们通过担任兼职教授、举办讲座、担任实习指导教师等方式，增进学生对未来法律职业的了解。

五、法学专业的专业特色

东莞理工学院是一所地方应用型大学，因此，法学专业一直致力于培养适应地方需要的应用型、复合型法律人才；加强与司法实务部门的联系，探索合作培养人才的新路；同时把教学内容与全国统一司法考试有机

159

结合，为学生通过司法考试创造条件。

（一）致力于培养适应地方需要的应用型、复合型法律人才

1. 举办卓越法律人才实验班，探索培养地方卓越法律人才

为提升法学专业教育水平、法律人才的职业素养与竞争力，促进法学专业教育的整体优化，东莞理工学院政法学院法学专业从 2014 年起面向新生进行二次选拔，设立"卓越法律人才"培养实验班，与东莞的法律实务界共同培养地方卓越法律人才，落实中央政法委、教育部"卓越法律人才培养计划"。实验班按照复合型、应用型人才培养模式改革的基本要求和内在规律，以"掌握扎实法律基础知识、具有熟练法律应用技能"为导向，与法律实务部门深度合作，共同确立培养目标，共同设计课程体系，共同开发优质教材，共同组织教学团队，共同建设实践基地，创新法律人才培养机制。在办学过程中努力探索地方应用型大学培养地方应用型法律人才机制，通过借鉴外部已有的培养模式和经验，利用法学专业良好的办学基础，改革和创新法律人才培养模式，加强专业的应用性、复合性、地方性、特色性建设，培育专业优势，提高人才培养质量，提升专业服务地方经济社会发展的贡献度，推进法学专业综合改革，培养适应地方需要的高素质应用型法律人才。目前实验班改革探索工作顺利。

2. 举办知识产权辅修专业，探索文理交叉的复合型、应用性人才培养模式

2014 年起法学专业率先在全院开设文理交叉的知识产权辅修专业。与美国、日本等发达国家相比，我国的知识产权人才数量较少、培养质量较低，东莞经济发展需要大量的复合型知识产权人才。在培养复合型知识产权创新型人才的过程中，理工科高校为学生开设知识产权辅修专业具有学制短、见效快的特点，是一项行之有效的措施。法学专业依托知识产权中心，充分利用法学专业知识产权方向教师的优质资源，在 2014 年首届就招收 170 名学生，目前该辅修专业进展顺利，正在筹划第二期招生。

（二）加强司法实务部门的联系，探索合作培养人才的新路

1. 实务界参与教学，巡回法庭进课堂

法学作为实践性强的专业，应注重培养学生的实践能力，法学专业将

实践教学作为专业建设和课程建设的重要组成部分。在课堂教学中引入校外资源，聘请司法实践第一线的优秀法官、检察官、律师等走进课堂，为学生直接讲授法律应用知识，引导学生理论与实践相结合。

2. 与司法部门签订联合培养卓越法律人才协议

根据协议，法学专业可以聘请经验丰富的实务界人士作为专业指导委员会委员，就卓越法律人才培养的相关事宜如师资队伍建设、课程设置、实习实训等提供决策咨询；聘请资深仲裁法院院长及庭长等为兼职教授，为学生讲授审判实务课程；邀请法官指导学生模拟开庭；定期举办法学名家讲座。目前法学专业已经与东莞市第二人民法院、广州仲裁委员会东莞分会、广州律师事务所签订了联合培养卓越法律人才的协议。

（三）把教学内容与全国统一司法考试有机结合，为学生通过司法考试创造条件

近年来，随着全国统一司法考试内容越来越重实务操作、重法律应用、重理论与实践的结合，我们有针对性地开设了一些针对司法考试的项目性课程，如法学专业综合实训、民法实践教学等。我们要求教师在授课过程中，要密切关注司法考试的动态，在教学内容中增加相关内容的讲授和辅导，为学生提供更多的司法考试的信息。目前，法学专业学生的司法考试通过率一直保持在30%左右，我们力争在3年内将这一比例提高到40%。

第八章　英国法学本科课程
设置的探寻和启示①

英国的法学教育早在公元 12 世纪便已出现。早期的法学教育主要由大学和法律协会构成，重视法律实践，主要以培养职业法律人才为目的。从 18 世纪开始，大学逐渐成为法学教育的主要模式。英国高等教育质量保证署②于 2007 年重新修订了法律《学科基准声明》，对高等院校的法律本科教育的课程提出基准要求，设定了法学本科毕业生应当具备的专业素养和能力要求。③ 英国的法学教育不但具有丰富的教学和管理经验，而且形成了一套卓有成效的现代法学教育制度。

英国格拉斯哥大学和伦敦大学玛丽皇后学院都是英国罗素大学集团成员④。格拉斯哥大学的法学院建立于 1713 年，至今已有 300 多年的历史。两所大学在法学专业上的教学和研究上都达到很高的水平并具有各自的特点，吸引着来自世界各地的求学者和研究者。本文将以两校的课程设置为对象，通过对其法学本科课程设置的探寻，从而对我国法学本科课程设置的改进和完善提出有效的建议⑤。

---

① 本文是强昌文主持 2014 年广东省质量工程项目——法学专业综合改革（立项粤教高函〔2014〕97 号）研究成果

② Quality Assurance Agency in Higher Education，简称 QAA。

③ Quality Assurance Agency for Higher Education 2007 for Law，见 http：//www. qaa. ac. uk/Publications/InformationAndGuidance/Documents/Law07. pdf.

④ 罗素大学集团（The Russell Group）成立于 1994 年，由英国顶尖的 24 所研究型大学组成，该联盟被称为是英国的"常春藤联盟"。格拉斯哥大学是罗素大学集团创始的二十名成员大学之一，而伦敦大学玛丽学院是 2012 年新增的四所大学之一。

⑤ 张朝霞，［英］卡罗林·斯蒂文斯. 英国法学教育质量的标准与保证［J］. 中国法学教育研究，2011（1）：120–179.

一、英国格拉斯哥大学的课程设置

苏格兰地区的大学采取的是三年普通学位或四年荣誉学位的学制。其四年学制将获得一般所称的本科学位。本文中主要以四年学制的课程设置作为比较和分析对象。

（一）课程整体设置

格拉斯哥大学鼓励学生在本科学习期间，对自己的未来工作或发展方向有一个合理的预期和安排，因此在课程整体安排上，包括以下六种不同的途径[①]：

途径一：事务律师从业课程安排；

途径二：出庭律师从业课程安排；

途径三：具有海外经历的事务律师从业课程安排；

途径四：具有海外经历的辩护律师从业课程安排；

途径五：非法律从业目的课程安排；

途径六：具有海外经历的非法律从业目的课程安排。

首先，英国的律师职业包括事务律师和出庭律师两类。事务律师传统上主要担任包括诉讼在内的所有法律事项，但如果在高级法院及以上的法院出庭时，必须另外延请出庭律师。出庭律师主要担任在高级法院及以上的法院的诉讼业务[②]。途径一、二的课程设置主要是从学生以后进入法律职业所可能承担的业务区别出发，针对不同的需求，在课程设置以及选课上给予充分的灵活性。由于事务律师与出庭律师的职责逐渐出现融合的趋势，课程设置上也日益趋同。目前仅存在《罗马法的财产与债务》和《国际私法》两门必修课的区别。

---

① 见：http：//www.gla.ac.uk/schools/law/llbdegreeinformation/llblawordinaryhonours/

② 英格兰和苏格兰存在不同的法律体系，但在事务律师和出庭律师的分工上基本一致，只是英格兰多称为"solicitor"和"barrister"，苏格兰多称为"solicitor"和"advocate"。近些年来，事务律师和出庭律师的界限变得模糊，出现了一种被称为"solicitor advocate"的律师，其职责从事务律师的范围已经扩展到承担出庭律师的责任，可以出席任何级别法院的诉讼。

其次，格拉斯哥大学鼓励学生在学习期间，参与国际交流和交换项目，以扩大视野和知识面①。为此，在课程设置上，学校明确指出当学生在第三年参与国际交流和交换时学分的转换情况，要求学生修满本校法学院所接受的120学分，其中至少包括两门三年级学生应当修习的类似课程②。这类课程设置上的安排，能够给学生确切的指引，让学生从入学起就能够对未来的计划有清晰的预见和认识，从而更有效率地规划自己的本科生涯。

最后，格拉斯哥大学认识到，虽然绝大部分进入法律本科专业学习的学生的目标是成为律师或从事法律专业的工作，但依旧有部分学生毕业以后并不一定能够从事本专业的工作，甚至有些学生选择学习法学专业，并不是为了以后从事法律职业。因此，在课程设置上，学校针对具有非法律从业目的的学生，根据他们的兴趣与需求，提供了更多的课程选择余地；除了五门核心必修课程外，其他课程都允许在一定范围内选修，只要满足了本科学习的学分标准。

（二）学年课程设置

格拉斯哥大学法学本科专业第一、第二年的课程主要以必修课程为主，平均每学年包括5~6门课程。例如，第一年的法学学习介绍、宪法、家庭法、刑法和证据、罗马法的财产与债务；第二年的法与政府、法理学、法律职业和法律伦理、财产法、欧盟法等，并允许1~2门的选修课；第三年课程设置以必修和选修课程并重为主要特征，需要修习商法、商业组织和国际私法等必修课程，以及另外4门选修课，其中2门必须在三年级学生应当进行的专业选修课中选择；第四年的任务主要以论文为主，包括三篇字数要求较少的荣誉论文和一篇毕业论文③。

从学年课程的设置来看，学生在第一、第二年完成了主要核心专业课

---

① 目前，65%的法学本科荣誉学生获得第三年在外国进行全期或半期学习、暑期学习或其他学术活动的机会。见：http：//www. gla. ac. uk/undergraduate/degrees/law/

② 见：http：//www. gla. ac. uk/schools/law/llbdegreeinformation/llblawordinaryhonours/pathway3 profession aldegreesolicitorwithstudyoverseas/.

③ 荣誉论文，原文"Honour Paper"，主要指获得荣誉法学学士学位所必须完成三篇相对毕业论文来说，字数要求较少的专业论文。

程的学习以后，第三年可以根据自身的兴趣和意愿，集中选择和修习某些内容或某些方面的法律课程，包括商法、竞争法、知识产权法、刑法和国际法等相关课程①。这种设置方式使学生对自己以后的发展方向有了更为明确的目标，不但保证了基础法律课程的学习，也加深了其所拥有的专业法律知识，使学生在毕业后的择业时，能够更具有针对性和竞争力。

（三）跨专业课程设置

格拉斯哥大学提供了多种跨专业双学位课程选择，在修习法学时，可同时选择商业经济（Business Economics）、商业管理（Business Management）、经济学（Economics）、经济与社会历史（Economic & Social History）、英国文学（English Literature）、盖尔语（Gaelic）、历史（History）、哲学（Philosophy）和政治（Politics）专业等。为了支持学生在第三年参加国际交流和学习，学校还同时开设了法语、德语、意大利语和西班牙语及其法律知识的课程。通过对不同国家的语言和法律制度内容的学习，学生可以在本科阶段拥有开阔的视野、较多的知识和经验，熟悉跨国的语言和法律，为毕业后的工作和学习提供了更多的机会。

二、英国伦敦大学玛丽皇后学院的课程设置

英格兰地区的大学采取三年学制，即学生通过三年的学习将获得法学本科学位。对于英国伦敦大学玛丽皇后学院的课程设置的探察和分析，主要着眼于必修和选修课程以及每学年课程量的安排上。

（一）课程整体设置

伦敦大学玛丽皇后学院的法学本科三年内所有必修课程和可供选择的选修课程总共有 38 门。必修课程包括：公法、合同法要素、土地法、刑法、欧盟法、行政法、侵权法、衡平与信托、法理学与法律理论。选修课程包括：商业与消费者法、公司法、比较法、亚洲与非洲法律体系、欧洲

165

---

① 这些课程是格拉斯哥法学院相对具有较强教学和研究实力和优势的专业方向。

比较法、犯罪学、学位论文、文化多样化与法律、家庭法、知识产权、国际商事交易、国际环境法、国际人权、劳工法、法律与医学伦理学、证据法、法律与现代性与大屠杀①、媒体法、现代法律史、国际公法、税法、英国人权法、国际法中的暴力使用、欧洲比较法之欧洲法律系统、比较法之欧洲一体化、民主与公平、法律与文学之法律基础、法律与文学之危机中的公平、法与公平与伦理。

若有人希望获得英格兰的律师资格，他需要完成三个阶段的内容②。第一阶段必须获得一个英国或其他普通法系国家的法律本科学位（LLB，Bachelor of Law）。如果没有相应的法律本科学位，申请人则必须参加为期一年的法律研究课程（GDL，Graduate Diploma in Law），主要包括七门：合同法、侵权法、宪法和行政法、衡平与信托法、欧盟法、土地法和刑法③。课程是由律师协会所认可的专门法律职业培训机构提供的。

从这个阶段的两种不同完成方式来看，GDL 的课程设置与英国法学本科的必修课程安排基本重合。这是因为英国大学的法学本科课程设置一般都要获得律师协会和大律师公会的认可，提供其所要求的必修课程。本科毕业生因此能具备从事法律职业所需的基本法律知识，从而顺利进入第二阶段。由此可见，英格兰本科的必修课程的设置与其法律职业资格的获得存在密切的联系④。或者说，法学本科的教育是以培养专业律师作为其基本目标。

在选修课程的提供上，大学享有比必修课程更多的广泛性和自主性。伦敦大学玛丽皇后学院从二年级开始，增设一或两门选修课程。而第三学年除一门必修课程外，其他均为选修课程。选修课程按大类来看，主要倾向于法律通识课程、商法和人权法课程，同时也是该大学的优势方向。学生在大学申请时，也会着重考虑学校在法学方面的主要教学和研究趋势，从而为将来的发展方向奠定基础。

---

① Law, Modernity and the Holocaust.

② 第二阶段，需要完成为期一年的律师协会认可的法律实践课程，其中包括目标为事务律师的 LPC（Legal Practice Course）课程和目标为出庭律师的 BVC（Bar vocational Course）课程。第三阶段还必须获得并完成在一家律师事务所的两年实习合同。

③ 一年为全职课程（Full-time course），若希望兼职学习则需完成两年的兼职课程（Part-time course）。

④ 苏格兰在法律资格获得上也基本采取了同样的模式。

伦敦大学玛丽皇后学院的结课方式以考试为主，但部分选修课在评分时可包括授课表现的计分。毕业论文并不是必须完成的部分，而是作为第三年的一项选修课程。选择论文作为其中一门选修课，则是以研究和撰写法学论文的方式代替一门授课课程。

（二）学年课程设置

伦敦大学玛丽皇后学院的常年课程设置见表 8-1 所列。

表 8-1　伦敦大学玛丽皇后学院的学年课程设置一览表

学　年	必修课程	选修课程
第一学年	公法、合同法、土地法、刑法	—
第二学年	欧盟法、行政法①、侵权法、衡平与信托	一门全期课程或两门半期课程
第三学年	法理学和法律理论	三门全期课程或等额全期/半期课程

从课程的学时上来看，可以分为全期课程和半期课程②。其中仅有少量的课程为半期课程③。两门半期课程可以折抵一门全期课程。从每一学年的课程设置来看，同一时间进行的课程一般为四门全期课程或等同于四门全期课程的混合课程。

英国大学每门课程一般每周授课一次，每次为两小时。由此看来，每周的授课学时仅为 8 小时，对于一个全职学生来说，课程时间似乎过短。但实际情况并非如此。本科课程是以讲授方式为主，因此每周除每门课的两小时讲授时间外，每周平均还有一小时由助教组织、以小组形式进行的辅导课，师生通过小组讨论的方式参与对课堂以及相关知识的讨论和疑惑

---

　①　欧盟法和行政法是半期的必修课程，其他必修课程为全期课程。

　②　英国大学每一学年分为三个学期。贯穿三个学期的课程为全期课程（full-module），一到两个学期完成的课程为半期课程（half-module）。

　③　包括必修课程中的欧盟法和行政法，选修课程中的欧洲比较法之欧洲法律系统、比较法之欧洲一体化、民主与公平、法律与文学之法律基础、法律与文学之危机中的公平、法与公平与伦理，犯罪学也可以半期课程方式进行。

的解析。因此，本科学生在学习期间与教学人员的面对面沟通至少达到每周 12 小时；同时，学生还可以与学生顾问联系，以获得学业或学业外的更多支持。

学生还有更多的任务。本科学生的学习除了教师的讲授和指导外，更多的内容需要学生的独立学习。英国是普通法系国家，在法学教育上也更多地采取了案例教学的方式。教师在课堂上只能对诸多案例进行重点的分析和点评，更多的功课需要学生在课后完成。一般每 1 小时的课堂时间，学生将要承担 2~3 小时的课后独立任务，需要阅读老师提出的参考书目和其他文献、完成个人课后作业、提交小组课程项目报告和参与正式的学习讨论会等。根据学院统计的结果，学生一般课后独立学习至少需要每周 28 小时[1]。

根据上述资料与数据，虽然每学年单一时期的课程数量不多，但学生所需要承担的学习任务仍然不轻，而且更多的是提倡独立自主的学习习惯。伦敦大学玛丽皇后学院在法学本科课程设置时，采取的是一种"食不厌精"的课程标准。课程数量较少，课程学时不多，但通过讲授、辅导、课后自学等多种形式，尽量使学生采取一种积极的主动学习态度，能够形成对一门课程深入和细致的理解、思考。

三、我国法学本科课程设置的趋势

《中华人民共和国高等教育法》第十六条提出，学生经过本科教育，应当具有基本知识、基本技能和工作研究三方面的能力。[2] 但是自 20 世纪 70 年代末恢复大学招生制度以来，我国法学本科课程就较多地偏向于本学科的全科理论法学教育。教学中，教师常常以理论教学为核心，重点讲授理论知识，即使授课中涉及案例分析，也居多围绕相关理论展开，强调专业知识性教育。当前，教育部也认识到以往的本科教育模式相对比较单

---

[1]　www.law.qmul.ac.uk/undergraduate/courses/items/118482.html#fourth

[2]　《中华人民共和国高等教育法》第十六条规定，本科教育应当使学生比较系统地掌握本学科、专业必需的基础理论、基本知识，掌握本专业必要的基本技能、方法和相关知识，具有从事本专业实际工作和研究工作的初步能力。

一，知识与实践脱节，从而提出了卓越法律人才的培养计划，特别强调要培养"应用型、复合型法律职业人才"①。该项计划建议"坚持厚基础、宽口径，强化学生法律职业伦理教育，强化学生法律实务技能培养，提高学生运用法学与其他学科知识方法解决实际法律问题的能力，促进法学教育与法律职业的深度衔接"②。

通过上述对英国格拉斯哥大学和伦敦大学玛丽学院的法学本科课程设置的分析，我们可以看出，英国法学本科课程设置主要体现在三个重点方面：基础与专业并重、教学与自学并重、知识性与实践能力并重。这也是我国法学本科课程设置的发展趋势。

（一）基础知识与专业方向并重

格拉斯哥大学和伦敦大学玛丽学院在课程设置上都采取了必修课程和选修课程相结合的模式，并且第三年的学习以选修课程为主。在遵循律师协会对专业基础知识的要求的前提下，各校不断扩展法律通识知识和法律专业方向课程的选择。选修课程在整个法学本科教育中占有将近三分之一的分量。学生可以集中精力致力于更有兴趣的专业方向，获得某一方面更为深入的学习机会，并为毕业后的工作规划打下坚实的基础。

我国法学本科课程也主要由必修课和选修课构成，但总体上是以必修课为主。教育部高等学校法学学科教育指导委员会确立了十六门核心课程，包括：法理学、中国法制史、宪法、行政法与行政诉讼法、刑法、刑事诉讼法、民法、民事诉讼法、经济法、商法、知识产权法、国际法、国际私法、国际经济法、环境资源法、劳动与社会保障法。③ 除了以上专业必修课程，绝大多数本科课程还包括一定数量作为通识教育的公共必修课。这两部分必修课程，对于本科学生，特别是法学专业的本科学生，主要是专业基础知识的教育，一般占据了法学本科课程的大半江山。

选修课一般也包括两个方面的内容：以通识教育为基础的公共选修课

---

① 见教育部中央政法委员会《关于实施卓越法律人才教育培养计划的若干意见》，教高〔2011〕10 号。下文简称《培养计划》。

② 见《培养计划》第二项第一款。

③ 中华人民共和国教育部高等教育司. 普通高等学校本科专业目录和专业介绍（2012 年）［G］. 北京：高等教育出版社：67.

和专业内的选修课。除了部分法学专业排名在前的大学，拥有丰富的资源和师资力量能够充分地开设专业选修课程，许多法学本科的专业选修课程极为有限。一方面存在专业资源限制的现实，无法广泛地开设各种选修课；另一方面也是由于学生的学习时间大量地被必修课所占据，可供选修课程的时间不多。以必修课为核心的法学本科教育，大多数的学生在知识结构上存在雷同的现象。其无法引导学生的兴趣，选择自己更擅长或更有兴趣的专业方向，加深对具体法律知识的学习和探讨；同时，也无法满足毕业后的各类工作所需的多方面、具有针对性的人才要求，因而不利于学生的就业或深造。

为了实现基础知识和专业方向并重，法学本科的必修课程应当适当减少，保留更为基础的核心专业课程，如宪法、法理学、民法、刑法、行政法和相关诉讼法学以外，将其他法学课程均纳入专业选修课的范畴。同时，在本科第三、第四年，以一定方向的专业选修课程为主，鼓励学生进行自由组合，选择自己有兴趣或符合将来期望从事的工作的课程①。

同时，法学不是一门孤立的学科，与其他学科有着密切的联系。学科知识之间的碰撞和交融，能够帮助学生形成更为全面和深入的知识结构，也能培养具有独特和创新的思维模式。例如，商法方向的本科学生，可以增加经济学、会计学、商业管理或税务方面的商科课程；国际法或国际经济法方向的本科学生，可以增加国际关系学等方面的政治学课程；知识产权法方向的本科学生，可以涉及一些技术科学方面的课程。这些跨学科课程的学习，不应当仅是以"公共选修课"的形式进行，更应推动学院间基础课程的直接修习。鼓励学生跨学科选课，本科课程设置时就应当建立完善的学分互换机制，并且对于学生的选课意愿给予适当的指导和建议。学分互换的机制不仅是法学与其他学科的单向互换，更应该形成各学科的多向互换。

（二）教学能力与自学能力并重

大学本科教育应当是教与学的双轨结合。英国大学以案例教授法为基

---

① 通过实施有效的专业选修课程，也可以使学生分散，将我国大学常见的人数众多的"大课堂"讲座式学习转变为"小课堂"互动式学习。

础的教学方式，对学生的独立自学能力提出更高的要求。课程设置上英国大学都注重保留给学生足够的自主学习时间和空间，并施以适当的任务和途径以促使自学能力的发展。其目的是最终使学生能够达到专业知识的运用和解决问题、资料搜集和研究、分析、综合推理、批评性的判断和评价、自主学习能力、交流与表达、统计能力、信息技术和团队合作等方面的特定要求①。

我国目前法学本科课程的教学方式注重讲授式教学，以教师为主导。教学内容以知识点为核心，强调基础知识的掌握。学生无论是在课内还是课外，大都处于被动的情况，知识以教材或考点为限，学习以倾听背诵为主，缺乏主动性思考和互动性学习。

首先，法学本科教育不但要重视知识内容的传授，也要重视思维方法的培养。其中，特别需要强调方法论的掌握。例如，新生入学时，应增加资料查找方法、资料或书籍阅读方法、讲座笔记方法等具有普适性的基础能力的培养；第二学期开始，可以增加社会调查或研究方法的课程或讲座，以促进学生的客观性思维的培养；随着法学专业知识的深入学习，可以增加法律逻辑思维方法、法律写作方法②和学术论文的写作方法的内容。这些方法能力的训练，磨刀不误砍柴工，有助于培养学生独立的思维模式以及怀疑和论证的能力。

其次，法学本科教育应给学生留有自主学习的时间。一方面，如上文所提及，法学本科的必修课程繁多，学生的日常时间大多被限制在课堂学习中，难以充分保障自主学习；另一方面，允许在校法学本科学生参与国家统一司法考试，极大地压缩了学生用于本科课程学习的时间。学生真正充分地在校学习时间甚至仅为两年半③。2016 年的《关于完善国家统一法

---

① Quality Assurance Agency for Higher Education 2007 for Law，pp3 - 4. 见 http：//www. qaa. ac. uk/Publications/InformationAndGuidance/Documents/Law07. pdf.

② 这里的"法律写作"，不仅包含一般本科法律课程中的司法文书写作，例如起诉书、判决书等，还应当包括诉讼实用文书的写作，例如法律备忘录（Legal Memo）和法律摘要（Legal Brief）的写作等。后一类的写作训练对于学生思考和梳理法律案件或问题有极大的帮助，也是学生毕业后从事初期法律相关工作所应具备的基本能力。我国的法学本科教育目前极为缺乏相关的训练。

③ 许多学生大三第二学期便集中精力准备国家统一司法考试，大四主要任务放在毕业实习和毕业论文上。

171

律职业资格制度的意见》强调全日制普通高等学校法学本科类学生，需取得本科学历并获得学士学位才能参加司法考试，有助于这一状况的改善。

最后，法学本科教育应给学生留有自主学习的空间。课堂的学习应当培养开放性思维。其一，教师使用教材，有助于学科知识的系统化培养，但教学不能依赖教材。单一的教材在某些争议性的学术问题上可能存在一家之言的情况，依赖教材容易局限专业认识和专业思维。教材的撰写可能存在一定的滞后性，在最新的研究成果和资料方面较为有限；其二，在课堂课后，教师应当给予学生更多自我发挥的空间，鼓励和引导个体思维和言论的展开，特别关于一些案例或有探讨价值的话题，不应预设结论；其三，大学或院系应当给予学生充分地进行自主学习的场所，例如，提供学生充分地查找和借阅学术资料的途径，在院系或图书馆设置可供小组讨论用的私密空间等。

（三）知识性与实践能力并重

大学法学教育不仅仅是一种知识教育，同时也应当注重专业实践适用。无论是从格拉斯哥大学整体课程途径规划上，还是从英国法学本科教育与法律职业资格要求的密切联系上来看，法学本科课程设置使学生对自身的工作规划有积极的认知，并通过本科学习，获得相应的专业能力以符合未来工作的需要。英国的大学将毕业生的就业率作为评价大学声誉和专业优势的一个重要指标。大学在招生时，其毕业就业率也是学生是否选择该校的一个重要考虑因素①。课程设置的知识性与专业实践并重，也体现了大学法学教育的要求。

根据麦可思报告②对中国应届大学生就业的调查，从 2007 年至今，本科学生毕业六个月后的就业率，法学专业一直居后列。根据 2007—2011 年的麦可思数据，法学本科生毕业六个月后的就业率分别为 87.7%、

---

① 例如，伦敦大学玛丽学院也在其主页中强调，该校法学院本科毕业生在毕业六个月内找到工作或学习机会的比率达 91%。见 "Graduate Employment"：http：//www. law. qmul. ac. uk/undergraduate/courses/items/118482. html#sixth. 格拉斯哥大学也在其法学本科的宣传册中就指出，该校法学本科毕业生在毕业六个月内找到工作或学习机会的比例高达 97%。

② 麦可思公司从 2007 年开始从事"中国大学毕业生求职与工作能力调查"，至今出版了 2009—2014 六个年度的《中国大学生就业报告》。

79.5%、82.3%、86.7 和 86.8%，虽有逐年上升的趋势，但依旧为各专业大类的最后一名。而 2008—2011 年毕业六个月以后对口率分别为 47%、47%、51%、48%，也均居于各专业大类的倒数第二①。造成该现象可能存在两个主要方面的因素：

其一，随着 20 世纪 90 年代大学扩招政策的开展，法学作为热门专业，本科招生人数激增。截至 2009 年，我国有 615 所高校开设法学专业，本科在校学生人数已达 45 万人②。每年本科毕业生的人数以十余万计，虽然当前市场对法律工作需求量巨大，但就业市场一时难以大量消化。

其二，法学本科学生毕业以后，难以较快地适应社会相关专业的人才素质要求。教育方向取决于社会需求。改革开放初期，社会对法律人才的需求主要着眼于教学科研，以及为国家机关输送人才，法学本科教育也以理论教学为核心③。当法学本科教育在 20 世纪 90 年代开始迅速扩大时，随着经济的发展和市场对职业法律人才的需求，重理论轻实践的教学模式无法满足社会的需求。学生缺乏法律活动中所需的实践经验和技能，在工作以后需要较长的一段时间适应④。这也影响了本科学生的就业机会。

国内高校已经逐渐重视教育与就业的衔接问题，也采取了各种途径从法学本科学习阶段就着重培养学生的专业知识、技能和能力。在课程设置上，主要体现在开展实务教学和司法考试教育。

法学本科毕业生的主要就业方向以律师、法律性质的公务员和其他法务性质的职业为主，因此在实务教学上也着重在此。一方面，采纳美国法学教育的经验，引入"法律诊所"方式。该模式不但强调课堂中从实际真实的案例出发，让学生从不同的角度参与分析和判断，从而通过互相提问、探讨、模拟的方式，掌握知识在实际事务中的应用。还鼓励学生在老师的指导下，参与社会法律事务案件的代理工作。另一方面，在设立律师

---

① 麦可思研究院编著，《2010 年中国大学生就业报告》，社会科学文献出版社，p38、p99；麦可思研究院编著，《2012 年中国大学生就业报告》，社会科学文献出版社，p48、p117。

② 如包括各类教育单位和法学研究生，则在校生已超过七十万人。王健，《法学教育改革与发展的新动向》，《法制日报》，见：http://news.sina.com.cn/o/2009-11-04/083616551761s.shtml。

③ 苏力. 法学本科教育的研究和思考 [J]. 比较法研究，1996，(2).

④ 吴志攀. 统一司法考试与高等法学教育的改革取向 [J]. 中国高等教育，2005（Z2）：27.

学院，对法律从业人员进行培训的同时，也加强了对本科学生的实践能力的培养。例如，中国人民大学作为我国法学专业的重点高校，组建的律师学院开设了以律师基础实务为对象的初级课程，主要面向法学院在校学生，通过学习，学生得以掌握律师职业的基本技能，为毕业后的律师工作奠定基础[1]。

① 见：http：//lawyer. ruc. edu. cn/html/xyjs/xygs/3342. html

第九章　法律硕士培养[①]

一、法律硕士培养模式理论与实践的报告

我国法律硕士教育的试办院校如"雨后春笋"般涌现，法律硕士教育已经成为我国培养法律人才的重要通道之一。中国的法律硕士教育正处在一个关键的历史时期，中国法律硕士教育将走向何处、如何走？虽经法学家、法律家的几多论证，但社会公众（也包括试办院校）仍未达成共识。实践中，阻碍法律硕士教育健康发展的因素众多：不仅有教学理念上的问题、也有教学实践上的问题。由于教育办学理念的错位、培养方案缺乏科学性、教育实践的盲目性，所培养的法律人才离"复合型、应用型、高层次"的目标还很远。分析、改进和完善法律硕士教育制度已成当务之急。面对法律硕士教育在理想与现实之间存在的巨大落差，法律硕士教育中心通过调研、咨询和资料查询等形式，掌握了国内外关于法律硕士教育的第一手资料，经过集体讨论，分别从高层次法律人才坐标中寻找法律硕士的目标定位，审视目前我国法律硕士教育实践所取得的成绩和存在的问题，探索法律硕士教育培养模式之完善对策，形成了关于法律硕士培养模式的三个整改参考报告，以期为我国法律硕士教育改革指明出路，以及为法律硕士培养模式改革提供参考。

---

　　① 本文是强昌文主持 2014 年广东省质量工程项目——法学专业综合改革（立项粤教高函〔2014〕97 号）的研究成果。

（一）报告一：法律硕士的培养目标

深化高等教育体制改革，加强高等教育与经济社会的紧密结合，调整学科和专业结构，创新人才培养模式，建立教育培养与人才需求结构相适应的有效机制①。

法律硕士教育作为高等法律教育改革中的新生事物，被简明地界定为："法律硕士专业学位是具有特定法律职业背景的专业学位，是为实际部门培养德才兼备的、适应社会主义市场经济和社会主义民主、法制建设需要的高层次的复合型、应用型法律专门人才。"② 对此，我们可从法律的理性中找出理论支撑，也可从法律的实践中追寻现实答案。

1. 法律硕士的基本定性

（1）法律硕士教育的目的

一般来讲，法律教育的目的就是培养法律人，民国时期的燕树棠先生在他的《法律教育之目的》一文中说：法律教育的目的就在养成法律头脑。而养成法律头脑须有四个必备条件：社会常识、剖辨能力、远大思想和历史眼光。吴经熊也认为，法律教育的最高目的就在于帮助学生找出一种能在最短期间之内从现有的地位踏进比它高一级境界的自然法。当代也有学者认为，法学学科的特点和历史使命决定了其教育的核心目标是培养适应经济社会发展和国家法制建设所需要的法律人才。而素质教育理应成为法律教育的理想模式，以真正做到素质教育与法律教学过程的融合。沈家本说过：法律成而无讲求法律之人，施行必多阻阂，非专设学堂培养人才不可。大学以教授高深学术养成硕学闳材，应国家需要、教授高等学术、养成专门人才为宗旨。应该说，法律教育的目的，就是要使法科学生树立公平正义的价值观，具有健全的公民人格和良好的道德操守，成为自觉捍卫法律价值的法律人。

学习法律的目的，也不仅仅是进入法律教学和研究领域；对大多数人而言，应该是从事法律实务工作。毕竟一个国家需要从事理论工作的人是

---

① 中发〔2003〕16 号《中共中央国务院关于进一步加强人才工作的决定》。
② 国务院学位委员会办公室：《关于转发〈法律硕士专业学位研究生指导性培养法案〉及其说明的通知书》，学位办〔1999〕41 号（1999 年 6 月 14 日）。

少数，社会需要的是大量从事实务工作的人才。霍宪丹认为：从当代各国法律人才的培养规律和培养模式看，并且法律属于上层建筑，由于法学学科具有政治性、社会性和实践性强的突出特点，同时法律制度是由一整套高度抽象的法律关系和规则体系构成的，因此学习法律的最佳时机和年龄段应当是具有一定的社会阅历、生活经验以及接受过一套完整的专业教育和人文素质教育之后的一段时间。由此可说，法律硕士教育的创立，是在深化对法律教育性质、任务、要求和培养规律等重大问题认识的基础上，借鉴两大法系法律人才培养模式的长处及制度设计，尤其是美国法律硕士教育的成功经验，适应法制建设对培养高层次应用类法律人才的需要，根据学位与研究生教育改革、调整的要求和法律教育的现有资源作出的必然选择。同时，期望能为培养应用型高级法律人才开拓出一条有效途径。

（2）法律硕士教育的性质

中国政法大学终身教授张晋藩指出：无论是中国历史上独特的"以吏为师"的法律教育模式，或是国外古罗马时期的人文科学而非职业训练的辩士教育，还是在英美法系国家法学院教育以实践理性或者职业指向教育为主，各个时期、各个国家的法律教育都不尽相同。中国的法律教育，由于复杂的历史原因经历了艰难、曲折的发展过程。新中国成立后法律制度大量地借鉴了苏联的经验，法律教育也概莫能外，这就决定了法律教育从一开始就与中国的实际存在一定的脱节。法学高等教育首先应当是高等教育，其社会职能就是培养人才，这也是现代高等教育的根本使命；其次是发展科技和服务社会。因此，现代高校的三大职能就是培养人才、发展科学和服务社会。从这个角度审视中国高等法律教育，自一开始就具有两重性：即法律教育应教授的内容、学院的性质、培养的目标是职业学院（professional school）还是研究院（research school）。这正是法律教育的职业培训和学术研究的对立之处，即法律教育的二重性。法律教育与法律职业从一开始就有着不解之缘：一方面，没有法律教育就没有法律职业。法律教育培养职业法律人并使法律职业成为一个拥有共同职业素养的共同体；另一方面，法律职业又丰富了法律教育的内容。当二者形成良性互动关系时，法律教育与法律职业相得益彰、健康发展；而当二者脱节时，都将导致结构失范和发展失衡。正是因为法律职业与法律教育之间长期缺乏制度联系，造成以下结果：一方面法律教育走上一条自我办学、自我完善、自成一体，以知识传授、理论研究为主的学科化、学院化的发展道路，遂使不少人长期以来在观念认识上习惯于将法律教育视为一次性的学校教育，将法律教育的概念等同于高等院校法学专业的学历教育和通识教育；另一方面，法律职业离开法律教育的支撑和滋养，加上受社会历史条件的制约，不仅偏离了分工专业化、队伍职业化的健康发展轨道，而且还由此形成了司法模式行政化、司法活动功利化、司法机构地方化和司法队伍大众化的弊端。长期以来，在我国法律教育中，法学本科教育属于法律通才教育，法学硕士教育属于法律学术精英教育，不属于法律职业教育。因此，法学本科毕业生往往难以满足法律职业对实践能力的要求。法学硕士又往往过于注重理论，缺乏对实务的认识。目前，法律教育存在的主要问题是：过高地强调教育属性、忽略职业属性，不适应法律职业的需要；简单地把法律人才培养和法律教育混为一谈，以点带面，忽略法律职业的需求，局部优化、整体不优，内部完善、实际需要不适用。法律教育的不足与弊端归根结底在于教育理念的落后，过分迷信过去的经验和传统，没有能够敏锐地洞察法律职业近年来日新月异的变革，不能适应市场的需求来培养合格的法律人才。中国近代法律教育家邱汉平曾说过：一个合格的法律人才，要认识时代的精神及时代的倾向，要了解法律的旨趣及现行法的文义，要熟谙审判方式及应用心理学，要知悉人情世故及社会的复杂组织，要有道德涵养并能舍弃小己。中国的法学高等教育应当借鉴外国的先进经验，根植于中国的国情，针对中国的实际情况和国际教育，尤其是法律教育的特点，提出具有中国特色的法律教育即法律硕士培养模式。法律硕士教育作为一种法律职业教育，弥补了我国法律教育过分注重学术性教育所带来的缺陷，有望成为中国法律教育改革的主旋律。

2. 法律硕士的学理考量

（1）法学双重理性对法律硕士的理论定位

西方在 11 世纪后期和 12 世纪开始将法律作为一门独立的学科予以讲授和研究。美国著名法学家博登海默断言："法律是人类最伟大的发明。别的发明让人类学会驾驭自然，而法律的发明，则令人类学会如何驾驭自己。今天的现实与人类产生之前并没有什么两样。人类的产生只不过是世界又多了另一种动物，这种动物也许既不懂哲学也不懂玄学，但却拥有一定的法则。法律制度作为人类社会文明的产物，首先是人类实践理性的要求，因而其根本价值取向在于对社会需求的满足。法律理性是一种世俗的实践智慧，法的这种实践理性血统决定了它是'行动而不是设计的产物'，由此也规定了法的第一重身份，即作为实践理性的身份。另一方面，作为一种制度文明，现代法律制度从其诞生的那一刻起，就已经浸透人类的智慧，法律的成长史同时也是一部法律作为纯粹知识体系的形成和传播史。从这个意义上讲，法律同时还具有作为纯粹理性的知识身份。"法律的实践智慧（或是实践理性）向人们证明：为了改善我们的生活和世界，或许更为重要的，还是对知识的运用，尤其是创造；而这种运用和创造，当归于"实践智慧"的范畴。在法律领域，人们应当善于运用法律和法律知识来分析和处理各种事务，这就必须精通（至少是某一领域内）的规则、谙熟诉讼程序和诉讼技巧、擅长法律推理和法律解释等。所有这些均已超出法律知识的范畴，而具有了"法律智慧"的属性。对这种法律智慧的培养，应是法律职业教育的职责。只有能够创造法律知识，或者能够深刻地洞察并自觉地推动法律的历史发展，那才是高级的也是真正的法律智慧；对此种法律智慧的培养，也才真正是高等法律教育的历史使命，法律作为实践科学的本质才可充分展现出来。而法律的知识理性包括几个方面的含义呢？法律作为一门科学，表现为一种知识系统，支撑这一知识体系的主要是以下两个方面：一是各种有关法律的专业概念、术语、命题和判断等，它们构成"法学"的基本细胞；二是由前者按照一定方式组合而成的法律条文、法律原则与法律理论，它们构成"法学"的基本骨架。这两方面的结合，便组成了法学及其各个分支领域的"硬件"。同时，由于它们是真正可以言说、可以分析以及可以传承的"知识"，因而也构成了法律教育中各门专业课程的核心内容。每一个试图踏入法律领域的人（尤其是法学院学生），必须牢固掌握，特别是那些专业概念、术语、命题和判断，这也应当是人们从事法律实践和法律学术研究的先决条件。总之，法律在知识谱系上的二元性，决定了法律人的任务也必须是双重的。前者使其必须不断地认识社会生活运作的新要求，从而将社会生活贴切地翻译成制度语言；后者决定了其在对法律制度进行以实践为标准的价值批判的同时，还必须注意对已有法律知识体系的梳理和整合，以实现法律作为纯粹知识的传播和继承的要求。正是因为法律的双重理性，才出现了所谓的法律职业共同体，出现了法学家与法律家的分工。清华大学法学院许章润教授认为：法官、检察官、律师等法律实务工作者则是一个将普遍、抽象的法律适用于具体案件的职业，是典型的法律家。其最基本的工作内容是完成法律从知识理性到实践理性的转化：把条文的法律转化为生活的法律，把抽象的法律转化为具体的法律，把社会上的各种矛盾和冲突转化为诉讼技术和程序。这个职业本身要求法律工作者既要掌握充分的法律知识，能够熟练地运用法律的概念、原则和理论；又要有良好的实践知识，能够自如地将复杂多变的社会经济生活转化成"法言法语"并做出裁判。在此意义上，法律实务工作者成长的基础是法律的知识理性；但仅有知识理性也是不够的，还必须有实践理性。

（2）法学家视野中的法律人才（法律硕士）观

2000多年前，中国古人就说过"徒法不足以自行"，法律人才是法制建设的根本。美国著名的法律哲学家霍姆斯在《法律的道路》一文中写道：我们研究法律，研究的不是什么秘密，而是一项众所周知的职业。伯尔曼认为大学将法律学者、教师和学生拢在一起，不仅使他们彼此接触，而且还使他们与神学、医学以及文科的教师和学生相互接触，并且将他们归入一种行业，或以今天的术语说，归入一种职业。耶鲁法学院迎新致辞中说道，求学耶鲁法学院是一次探险之旅，探求的要旨至少包括：第一，勇于尝试新事物；第二，理论与实践相结合；第三，确定你的支点。而什么是我的支点？我为什么进法学院？我要成为一个什么样的人、什么样的法律人？一个法律人仅仅倚仗法律技巧是不够的。你必须追问：我的技巧是为谁服务的？你们将逐步掌握法律技巧，这些技巧会让你们有本事把人们扔进监狱、挽救或者毁灭人们的生命。决定是否接纳你进入法律业界时，不但要考察你的法律职业素养，还要考量你在执业过程中的行为是否正当、道德。在求索自己为什么而奋斗的同时，也请深入地思考一下如何服务于社会的福祉。你将如何为公众的利益做出贡献？你将投身于怎样的公益事业？请记住一句朝鲜族谚语："永远别让你的技巧胜过你的品德。"同样，中国人民大学副校长王利明教授曾说过：希望并相信同学们能够坚持人大实事求是的学风，秉持法律至上的理念，坚守公平、正义的原则，刻苦学习法律专业知识，独立思考，勤于实践，做到知、思、行并进，树立"修身齐家治国平天下"的志向，树立成为国民表率、社会栋梁的目标。从以上东西方著名法学院的论述中，我们应该得出对法律人才的认识：法律人才应具备高尚的法律职业道德、扎实深厚的法律知识和高超的实践能力。一个法律硕士生应进一步具备什么样的法律素质？霍宪丹教授说："一是应该具备系统的专业知识；二是应该具备法律职业基本素养。简单讲，就是法律文化，法律思维，对法律的信仰，法律精神，法律意识，现代司法理念，法律语言，法律方法；三是从事法律技能培养，比如说：谈判技能，辩论技能，起草法律文书的技能，获得信息的技能，制定规则的能力。"

3. 法律硕士的现实标准

（1）社会对法律硕士诉求标准

1）法律职业伦理。目前，我国尚未真正形成崇尚法治、追求高尚法律伦理的社会氛围，努力营造这种社会氛围则是公众的美好诉求。法治应当是一种人类特有的高度文明的生活方式，法治蕴含的"真""善""美"对于法律职业人而言，无疑是作为一个合格公民道德素养的基本要求。法律职业道德是指法律职业人职责所规定的道德认识和行为准则，法律职业伦理是法治国家中的法律职业人必备的职业道德。法律职业人首先必须具备合格公民的道德底线，但仅仅于此是绝对不够的。法律职业人还应具有其他公民所不具备的特殊性的职业道德素养。像医生循医德、教师遵师德一样，法律职业人也同样应当信守相应的法律职业道德。加强法律职业伦理培养是对法律职业人素质的必然要求。试想，一个没有深邃地体悟法治精神、原则的法官或检察官能够做到独立而公正地适用法律弘扬正义吗？一个没有对人的生命尊严与价值怀有真诚的敬畏而负责的道德信念的律师能够为"他者"的权益而勇于"铁肩担道义"吗？所有这一切都需要法律职业人具备良好的职业道德素养。法律人只有比一般社会成员更有信念、良知和正义感，才不会仅仅把法律知识作为自己谋生的工具，才会运用法律服务于社会，才会凭借自己的善良正直之心去追求社会的公平正义。烟台大学郭明瑞教授认为：他们（法律人）不能是仅仅有法律知识的人、有一技之长的人，他们必须是拥有法律信仰、职业伦理、有良好的心智条件和良好的法律理论，能够理解公平正义的、较完善和较完整的人。司法实务界相继制定了《法官职业道德基本准则》《检察官职业道德规范》和《律师职业道德和执业纪律规范》等职业伦理规范，表现出对职业伦理教育的重视和需要。原山东大学校长（现任职于中央政法委）徐显明教授认为不具有司法伦理的法官、检察官和律师是很危险的。法律人的职业道德及职业伦理对于法治社会而言，其重大意义甚至超过法律的知识。而我国的司法腐败现象，无不与我们长期以来没有把握好法律教育的职业性特点、忽视法律职业道德教育，使得司法职业队伍缺乏法律职业教育的共同背景有着重要的关系。华东政法大学校长何勤华教授认为，在法律教育中忽视法律伦理教育、不顾学生的道德修养，"那无异替国家、社会造就一班饿虎"。毋庸置疑，职业道德的培养和提高，很大程度上依赖于职业教育。法律硕士教育就是为了培养德、智、体全面发展的，适应社会主义市场经济和民主、法制建设需要的，具有良好职业道德的法律人才。国务院学位委员会通过的《关于设置法律专业硕士学位的报告》中提出了具体的要求："掌握马列主义、毛泽东思想和邓小平理论，拥护党的基本路线、方针、政策，自觉遵守和维护宪法和法律，热爱祖国，具有良好的政治素质和法律职业道德。"浙江大学法学院对此做出努力：把法律硕士的培养目标界定为"具有良好的法律职业道德，恪守法律职业伦理，坚持法律职业思维方法，熟练运用法律术语，全面掌握法学原理和法律知识，熟练运用法律技术"。从荀子的"法不能独立，类不能自行，得其人则存，失其人则亡"，到沈家本的"有其法者，尤贵有其人"，无不强调法律执行者的贤德。现代社会中，如果说法律是社会正义的最后防线，那么法律工作者就应当是社会品德高尚者的杰出代表。在这里，浙大把法律人的职业道德、职业伦理放在首位，这种定位是正确的。

2）法律职业技能。我国对法律硕士的职业技能也提出了较高的标准：法律硕士是为立法、司法、行政执法、法律服务与法律监督部门以及经济管理、行政管理和社会公共管理部门培养的高层次的应用型、复合型法律专门人才。法律职业由于其职业的特殊性，对于从业人员的能力要求也不仅仅局限在法律专业知识的掌握上，或者说更多需要的是法律基础知识与职业技能兼备的法律从业人员。关于法律职业技能具体应包括哪些方面的内容，或者说法律职业技能由哪些方面的技能构成，北京大学法学院院长朱苏力教授认为，法律职业技能一直有非常不同的界定。对于这一问题，各国尚无统一的认识。英国上议院议长及法律教育与法律行为咨询委员会在其首份法律教育与培训报告中提出了七项内容，包括：①逻辑论证；②掌握复杂的想法；③处理复杂的事实；④对文本的批判阅读；⑤审慎地使用英语；⑥以清晰、一致和令人信服的方式进行口头与书面交流的能力；⑦获取、评估和使用法律文件和信息的能力，包括信息技术处理的能力。美国律师协会于 1992 年出版的专门报告列举了十项能力，包括：①解决问题；②法律分析和推理；③法律研究；④事实调查；⑤沟通；⑥咨询；⑦协商；⑧诉讼与非诉讼程序的能力；⑨组织与管理法律工作的能力；⑩解决道德困境。关于法律职业技能的构成，澳大利亚法律改革委员会于 1996 年公布的有关法律改革的报告中指出：能力包括协商与调节的能力，珍惜职业荣誉，理解客户与法律程序其他参加人的需要；口头与书面论证与陈述的能力；起草法律文书的能力。复旦大学法学院院长孙笑侠认为，法律职业的技术是一种专门化的技术，包括法律解释技术、法律推理技术、法律程序技术、证据运用技术、法庭辩论技术、法律文书制作技术等。

我们认为，法律职业技能包含基础技能和专业技能。基础技能是从事包括法律职业在内的各类现代社会职业普遍需要掌握的基础性技能，包括表达能力、情绪控制能力、沟通能力、紧急情况的处理能力、组织管理能力等等。专业技能是法律职业技能的核心，它包括法律识别技能、法律解释和推理技能、证据操作技能以及辅助性技能（讯问、辩论、质证、速记、文书制作、信息查询等）。具体是：①法律识别技能，主要体现在对法律规则的识别和对案件事实、证据的识别，如案件及所涉法律关系性质如何，应适用哪类法律规则；纷繁的法律规则特别是可能被适用的法律规则分属何类法律渊源，哪类法律效力更高；证据的真伪及证明价值如何等。对法律规则、案件事实及证据的准确识别是正确进行法律推理的前提，是各项法律工作的第一步。②法律解释和推理技能，法律解释即解释者对法律文本的意思的理解和说明。法律规则是普遍的、一般的，而现实社会生活、个案事实则是纷繁多样的。因此，把普遍一般的法律规则适用于具体的社会现实，必然需要对法律进行解释。法律解释是法律实施的前提，抽象的法律条文只有通过解释者的解释才能变得实际有效，才能与复杂多变的现实生活实现对接。需要熟悉法律解释技能的绝不只是法官，还应包括其他负责法律实施的司法和行政执法工作人员及律师等。中国政法大学副校长张宝生教授认为，法律推理包括法律推理的标准、法律推理的技术规则、对法律推理中出现的真理与价值冲突进行调适的技巧，可用演绎推理、归纳推理、类比推理、模糊推理、概率推理等各种法律推理的方

183

法。法律推理是一种创造性的法律实践活动，无论是立法还是执法、司法、甚至守法，都离不开法律推理。特别是在法律适用阶段法律推理几乎应成为法官审判活动的全部内容。③证据操作技能包括调查证据、审查认定证据和运用证据等相互关联的几项技能。证据调查作为一项专门技能，是指调查人员根据证据调查的原则和要求，按照一定的程序和步骤，运用一定的调查策略提取、采集、固定和保全证据的专门技术和方法，包括调查访问的方法和技巧，发现、收集物证的方法和技巧，固定保全证据的方法和技巧等，是一项综合性较强的技能。④辅助性技能除了上述这些专业性很强的法律职业技能之外，还有一些在职业活动中不可或缺的辅助性技能，包括法律文书的制作、听打和看打的速记技能、利用高科技手段查询和处理法律资讯的技能以及在庭审过程中控辩双方需要具备的辩论、质证等辅助性技能。

3）创造性素质。锐意进取的创造素质乃是 21 世纪法律人才必备的素质。未来的法律硕士作为法律工作者，面临的将是更为形形色色、纷繁复杂的司法实务工作，这一工作本身就是一种创造性的工作，它要求法律工作者必须具备创造性解决实际问题的能力。创造性指个人在一定动机推动下从事创新活动的创造性思维的能力，也称创造力或创造心理。主要包括创造意识、创造思维品质和创造技能。法律硕士生的创造素质则是指在内化上述一般内容的过程中，形成具有丰富的想象力，能举一反三、触类旁通、兴趣广泛、思路敏捷，有强烈的好奇心和求知欲，在司法实践和法律服务中有创造性解决问题的能力，即论辩思维能力、应变能力、创新能力及一定的法律批判精神。

（2）学位委员会制定的标准

1996 年法律硕士教育制度的"宪法性"文件《法律硕士专业学位研究生指导性培养方案》对法律硕士教育的培养目标——在"培养什么样的人"的定位上是十分明确而肯定的，就是"法律专业硕士学位是具有特定法律职业背景的职业性学位，主要培养面向立法、司法、律师、公证、审判、检察、监察及经济管理、金融、行政执法与监督等部门、行业的高层次法律专业人才与管理人才。法律专业硕士学位与现行法学硕士在学位上处于同一层次，但规格不同，各有侧重。该学位获得者应掌握基本的法学基础理论和较宽广的法律实务知识，具有宽口径、复合型、外向型的知识与能力结构，能够综合运用法律、经济、科技、外语和计算机等方面的知识，独立地从事法律实务工作"。

1999年，全国法律硕士专业学位教育指导委员会秘书处在总结几年实践经验的基础上，对原有的培养方案（1996版）进行了新的修订，形成当前所有培养单位使用的1999年版《法律硕士专业学位研究生指导性培养方案》，该方案将法律硕士的培养目标简明地界定为："法律硕士专业学位是具有特定法律职业背景的专业学位，是为实际部门培养德才兼备的、适应社会主义市场经济和社会主义民主、法制建设需要的高层次的复合型、应用型法律专门人才。"

2006年8月全国法律硕士专业学位教育指导委员会修订的《法律硕士专业学位研究生指导性培养方案》将法律硕士的培养目标重新定位：为法律职业部门培养具有社会主义法治理念、德才兼备、高层次的复合型、实务型法律人才。在实践中，什么样的人才标准才算达到法律硕士教育的复合型、实务型、高层次的法律专门人才的标准？我们可通过相关的制度文件，领悟到一个符合目标要求的最低标准：

"法律专业硕士与现行法学硕士在学位上处于同一层次，但规格不同，各有侧重。该学位获得者应达到胜任政法系统和法律服务部门中级以上（含中级）专业与管理职务的任职要求"[1]。

"法律硕士专业学位教育培养的人才，在学历、经历、工作要求和理论层次上高于本科法律教育对象"[2]。

另外，在判断一个合格的复合型、实务型、高层次的法律专门人才的最低标准上，培养方案还列出了具体的四个要求："①掌握马克思主义的基本原理，自觉遵守宪法和法律，具有良好的政治素质和公民素质，深刻把握社会主义法治理念和法律职业伦理原则，恪守法律职业道德规范；②掌握法学基本原理，具备从事法律职业所要求的法律知识、法律术语、思维习惯、法律方法和职业技术；③能综合运用法律和其他专业知识，具有独立从事法律职业实务工作的能力，达到有关部门相应的任职要求；④

---

[1] 国务院学位委员会办公室：《关于设置法律专业硕士学位的报告》，1995年4月11日（国务院学位委员会第13次会议通过）。

[2] 国务院学位委员会办公室：《法律硕士专业学位研究生指导性培养方案》修订说明，学位办第〔2006〕39号。

较熟练地掌握一门外语，能阅读专业外语资料。"①

"规格标准"中的"第②项"是对法律硕士的职业技能与素养要求方面的考察指标。"第③项"和"第④项"体现了为适应新时代知识结构多元化的复合型人才特点，是对法律硕士从事社会工作所应具备的综合素质的要求。而对"高层次或高级法律人才"的定位，至少可理解为，他们应该是那些能够解常人难解之法律问题的人才。

（二）报告二：法律硕士教育实践

法律人才的培养永无止境。法律人才的培养，是由几个制度紧密连接起来的：高校的法律教育制度、法律职业培养基础教育制度、统一的司法考试制度、考试以后统一的职业技术训练制度等。这些制度紧密联系，构成一个完整的体系。高校的法律教育制度是最为重要的一环，也是最基础的一环。

1. 法律硕士教育实践溯源

法律硕士专业学位 1995 年获得批准并于 1996 年正式实施，迄今已走过了十多年的历程。可以说"法律硕士"这一概念在我国的法律生活中已经得到了相当程度的普及、传播，并在我国的法学教育界与司法实务界产生了较大的影响。

1995 年 4 月 11 日，国务院学位委员会办公室在《关于设置法律专业硕士学位的报告》中这样写道："为适应我国现代化建设和改革开放，特别是建立社会主义市场经济体制的需要，进一步改变法律高层次人才培养规格比较单一的状况，加快培养国家急需的高层次法律专业人才和管理人才，在全面总结以往改革经验的基础上，并经专家充分论证，拟在我国设置法律专业硕士学位。"为了实现这一目的，国务院学位委员会于 1995 年第 13 次会议批准设立法律专业硕士学位，并决定由中国人民大学等 8 所高校为首批试点单位。这标志着法律硕士专业学位教育制度的创立，由此开始法律硕士教育的试行实践。为加强对法律硕士教育的宏观指导，1997 年12 月，首届全国法律硕士专业学位教育指导委员成立。试点院校的数量也

---

① 国务院学位委员会办公室：《法律硕士专业学位研究生指导性培养方案》修订说明，学位办第〔2006〕39 号。

在历经 1998 至 1999 年两次扩增后达到 28 所。法律硕士教育由此走向了较为平稳的发展之路。2001 年以来，是法律硕士教育发展的高速发展阶段，因为从报考人数看，历年高温不降，报考人数每年递增幅度较大，法律硕士报考人数始终位列前三名。由此带来的是入学考试的竞争激烈，堪称"白热化"状态。法律硕士教育试点院校的数量激增和其日益扩张的社会影响力，使其成为热门的专业学位教育。当然，法律硕士教育实践中，一些主办院校在师资力量不足的情况下，却不断地连年扩招，把法律硕士教育单纯地当作扩大创收的手段，这种情况并不少见。

2. 法律硕士教育取得的成就

十多年以来，我国的法律硕士教育从无到有、从不成熟到逐渐成熟，取得了一些进展，具体表现在以下几方面：

（1）分期分批扩大办学试点单位，逐步形成规模效应。十多年来，通过分期分批授权，逐步扩大办学试点单位，也日益显示出规模效应。目前全国的培养单位，涵盖了中央和地方所属的综合性、政法、财经、师范、民族、军事等不同类型、不同行业特色的高校，实际上已经囊括了中国高水平的、有培养法律专门人才优越条件和办学实力的高校（系），也基本上实现了法律硕士专业学位教育在全国的合理布局。这些广泛分布在全国广大区域的法律硕士培养单位培养了大批高素质法律人才。法律硕士教育为法院、检察院、公安系统、司法行政部门、律师和企业等输送了大量的专业法律人才，为促进经济、政治和社会的发展，为构建和谐社会做出了不可或缺的贡献。

（2）初步明确了法律硕士教育的性质、特点和培养目标。1995 年国务院学位办发出的《关于开展法律专业硕士学位试点工作的通知》（学位办〔1995〕36 号）中指出："法律专业硕士学位是具有特定法律职业背景的专业性学位，它与现行法学硕士在学位层次上处于同一层次，但规格不同，各有侧重。"就其性质而言，法律硕士专业学位教育是一种研究生层次的以法律职业为背景的法律专业教育。由该性质可以引申出法律硕士专业学位的几个点：第一，它是一种专业学位。它虽然与法学硕士处于同一层次，但规格不同，各有侧重。法学硕士学位教育主要培养面向法律教学和研究的专门人才，而法律硕士教育则侧重培养面向法律实务部门的法律实践人才。正是由于教育类型的不同、培养的人才类型不同、专业背景不

187

同、培养口径不同，因此不能简单套用学术性人才的培养标准和模式去评价应用类人才的培养工作。两类人才同样重要，两种教育也具有同等地位，没有高低、尊卑之分。第二，它是以法律为职业领域的，或具有法律职业背景的专业性学位。它不同于 MBA 或 MPA 等其他职业领域的专业学位。第三，它是一种高层次的学位，也就是说，其人才培养目标不同于法律本科教育的培养目标，而是高层次的，即达到研究生水平的一种学位。为法律实际部门培养适应社会主义市场经济和社会主义法治国家需要的、具有良好的法律职业技能和法律职业道德的高层次复合型、实践型法律人才。

（3）为深化我国法律教育的改革、探索人才培养模式做出有益的尝试。法律硕士专业学位属于我国专业学位系列中的一种，是我国设置的第三个专业学位。在此之前，我国的法律人才主要是学术型人才的培养模式。其间虽然曾经多次尝试应用型法律人才培养方式，但效果并不显著。法律硕士专业学位的设置，极大地改变了过去人才培养结构和类型单一的局面，在试办法律硕士教育十多年当中，以科学、公正选拔具有法律职业发展潜力的培养对象为目标，以面向法律职业和社会管理等职业应用领域为导向，逐步在构建起一套应用型、复合型的高级法律专门人才培养模式方面闯出了路子，并积累了经验。在国务院学位办、教育部高校学生司和司法部法规教育司的统筹领导及指导下，论证和设计了符合我国现阶段国情的全日制统招法律硕士研究生和在职攻读法律硕士研究生两种招生工作体制。不断研究和改进考试制度，修订考试大纲和考试指南，总结招生工作经验和多年的实践经验，根据法律硕士专业学位的特点，以加强对从事法律职业工作相关能力条件、职业素质的考查以及科学、规范地提高联考的信度、效度为目标的招生考试思想和实施方案基本形成。法律硕士专业学位是以法律职业为背景，注重法律职业能力和职业素质培养的高层次学位，从论证和确立培养目标、改革培养方式，到形成新的培养模式和体系，都推动了我国法律教育思想、教育内容和方法的深刻变革。

3. 法律硕士教育存在的不足

当然，由于种种因素的局限，法律硕士教育大多带上了传统教育方法的烙印，用同一口径、模式来培养法学家和法律家，这无论是从理论上还是现实上都是不可行的。其结果只会背离法律职业教育的应用性和复合性的发展目标。同时，所有的法律院校的教育几乎都是一个模式，各个学校没有充分考虑各自的院系应当重点发展的特色，使得各个院校出来的学生没有自己的特色。法律硕士教育存在的不足主要有以下几方面：

（1）整个社会尤其是法律职业界对法律硕士专业学位缺乏真正的认同感，对法律硕士教育的重要性认识不足，甚至由此引发出对法律硕士的贬低和歧视。例如，多数社会公众、甚至一些政府机关对法律硕士专业学位非常陌生，不知道有这么一个专业学位，尤其是不清楚法律硕士和法学硕士的区别；又如，现在司法机关录用工作人员，对法律硕士和法学硕士是非常明显的"区别对待"——优先录用法学硕士，而不是"同等对待"。之所以会出现这么一种现象，原因是多方面的。招生人数极度扩张导致法律硕士研究生培养质量下降是其中之一，但这和试点院校出于"创收"的经济利益驱动而不断扩大招生规模是难脱干系的。而目前法律职业界对法律硕士心存歧视的更为深层次的原因恐怕主要还在于"法律硕士是先天不足——原有的专业背景不是法律，因此自然不如法学硕士"这样一种先入为主的主观判断。其实，法学硕士的培养初衷是学者而不是实务工作者，这样的培养初衷会使教学内容、教学方法、论文写作以及教学管理方面与培养实务工作者有着种种不同。法学硕士也不可能、不应该成为将来法律教育的主旋律。而相比之下，我国创建了法律硕士专业学位，它所设定的培养目标在某种层次上高于法律本科生、实践导向上明显强于法学硕士，并且具有传统法科学生所不具备的复合型知识和技巧的专业人才，作为培养法律人才的新途径，法律硕士应当成为中国法律教育的主旋律。

（2）在法律硕士教育制度的实施过程中，对法律硕士专业学位的性质、特点、培养规格和基本要求等方面存在模糊认识。培养目标不明确，把培养高级的应用型人才与学术型人才混在一起；缺乏对复合型法律人才的认识。特别是教学内容均以民法、刑法、宪法、法理等基础课程为实践的过程，尤其是在教学和学位论文写作、答辩等环节，部分试点院校却仍然对此存在模糊认识，未真正认识到法律硕士专业学位与法学硕士、与法学第二学士学位、与法学本科的根本区别和类型特色。比较突出的表现有

189

二：其一是在课程设置和教学环节上缺乏创新，未能体现法律硕士专业学位的实务性特点，实务性的课程偏少，不注重案例讨论式教学方法的采用，更有些试点院校的教师将给法学研究生、甚至是法学本科生上课时所用的教案一字不改地拿来给法律硕士研究生上课；其二是在法律硕士学位论文的写作、答辩环节上，往往以学术性论文的标准来要求和衡量法律硕士研究生撰写的学位论文，在论文的形式上几乎和法学硕士学位论文一样，很少看到以案例研究、研究报告、专项调查等学术性论文以外的形式撰写的法律硕士学位论文。这些问题的根源还是在于我们对法律硕士教育理念的模糊，导致教育实践的盲目。当前，在学科建设发展上，一些试点院校往往没有给法律硕士教育确定一个清晰、长远的发展定位，在法学本科教育、法学硕士教育、法律硕士教育、法学专业第二学士学位本科教育之间不能建立一个和谐的差序格局。对待法律硕士教育，各试点院校更多地沿用了法学硕士的培养模式，甚至是法学本科的培养方式，从而导致法律硕士教育与其他法律教育混同，导致法律硕士教育的设计初衷与现实之间存在巨大落差。法律硕士教育实践中出现这么多问题，应该说与我们对法律硕士教育理念认识不清有关。法律硕士教育是为适应我国法律职业发展的需要而设立的，以促进法律职业的发展为其使命和目标。西北政法大学王健教授认为，法律硕士教育所要培养的法律人，不是一般具有法律知识的人，而是"理实兼备"、能直接从事法律实务工作的特定意义上的法律人。它以立法、司法、行政执法、法律服务和法律监督等法律工作岗位为其直接的服务对象并促进其发展，它所培养的人才类型重在"应用、实务"或"职业道德与职业能力"方面。这种使命与目标，要求我们在实施人才培养的各个环节——入学条件、课程设置、教学方式、学位论文要求等方面都必须予以体现。

（3）教学方法单一，缺乏对学生口才表达能力等综合素质的培养。法律硕士培养的是高级的法律实务人才，法律硕士教学应突出法律技术，教学中必须侧重法律技术的训练。法律教学中有两个方面需要教给学生：一个方面是法律的理念，另一个方面是法律的技术。但大部分法律院校主要采取以课堂讲授为主的传统教学方法，教师上课多数照本宣科。教学中行使教师中心主义和单向灌输，师生之间缺少互动。学生学习也以应付考试为主要目的，缺少积极性、能动性，对法律现象少有深入的思考和分析。

法律硕士培养的最高追求是实战型人才，因此法律硕士在强调坚实法学基础理论素养的同时，应着重于宽广的法律实务知识和应用能力的训练，也就是关于法律技术（即法律条文的应用）的培养。为了突出法律硕士教学中对法律技术的关注，应该强化案例教学法、诊所式教育法等。从而丰富教学方法，提高教学质量。法律职业具有专门性或专业性的特点，思维是借助语言所进行的理性认识过程，思维是职业技能中的决定性因素，而缜密的思维一定要通过雄辩的口才表达出来。法学院校的学生即将成为法律工作者，在教学中训练学生口头表达能力、演讲能力、雄辩能力也非常重要。教学中组织学生参加辩论赛，激励学生的参赛意识、参与理念。在案例教学中，也不要简单地举出案例让大家讨论，而是选择多个经典案例分出不同的组，让学生融入所给的案例中，对案例要有切身的体会。要么扮演角色，表达案例中人物的心声；要么是案外人对焦点问题的点评；要么采用谈话聊天方式阐述法律理念及相关原理。只要把握好主题，教师应大胆放手，让学生进行开放性思维训练，用他们能想到的方式来阐释相关理论。只要把握好主题，教师应大胆放手，让学生进行开放性思维训练，用他们能想到的方式来阐释相关理论。

（4）与司法考试的关系没厘清。霍宪丹认为，长期以来，我国的法律教育使法律职业与法律教育之间缺乏制度联系，不能使二者有机统一，这是由我国的法律职业制度存在着法律非职业化造成的。我国法律人才培养的素质教育与职业教育都还是主要由各大学的法律院系来完成，而通过设置国家统一考试来决定法律职业资格的授予。在法律教育的考试中，存在着校内考试和国家统一司法考试两种形式。如何使法律教育和司法考试实现二者兼容，服务社会，解决实际问题，实现法制是急需解决的问题。中国各大学的法律院系一直面临这样一个难以两全的困惑局面：即目前高等院校的法律教育是基本按照素质教育和通才教育来设计的，而随着市场经济的发展，法制体系的逐步建立，社会现实则对专业化的法律职业人才的需求越来越大。在这种情况下，社会要求法律教育重视实践性，关注职业技能的培训。而在学生未经过充分的素质教育之前，仅重视职业教育不仅极难培养出高水平的法律职业人才来，还有可能导致法律教育急功近利、流于浅薄，忽略对学生的法律理论训练，使法律硕士教育成为变相的律师培训，从而给中国的法律理论研究乃至法制建设带来长远的负面作用。法律职业所具有的社会公职性，都必然要求对法律人才实行专门的职业教育，以保证从业人员的职业技能和职业道德水平。但重视法律职业教育不能以牺牲素质教育（包括一般素质教育和法律素质教育）为代价，走急功近利的速成路线。其实，国家统一司法考试为法律教育提供了良好的发展机遇。统一司法考试制度的推行，使法律职业成为一个更令社会关注和重视的职业。统一司法考试的目的就是要设定一个法律共同体准入的统一标准，任何人要想从事法律工作就必须通过这个考试，通过设定这个标准可以在一定程度上促进法律共同体的形成。司法考试提高了进入法律职业的"门槛"（本科以上学历的法学者才可以报考），从而凸显了法律教育的重要性。法律硕士教育是以法律职业为背景的，其目标就是为法律实务培养人才，国家统一司法考试制度充分体现了法律职业尤其是法律职业家队伍建设与法律教育间的制度联系，为解决法律教育与法律职业长期相互脱节的突出问题奠定了制度基础。在法律教育和法律职业之间架起了一座桥梁，它可以将现代法治所需要的人才选拔到法律职业队伍中去。法律硕士教育必然会依据考试的内容、形式办学，从而解决了与实践的脱离问题。如果最后法律硕士不能通过司法考试而因此不能从事法律实务工作，这不得不说是法律硕士培养的失败，也是教育资源的一种浪费。

（5）法律硕士教学脱离法律实践现象严重。尽管《法律硕士专业学位研究生指导性培养方案》要求培养单位应当加强教学与科研、法律实务部门的联系与交流，聘请法律实务部门的专家参与研究生的教学及培养工作，以便弥补学院派法律教育在法律实践方面的缺陷，但从法律硕士教学实践来看，许多高校并未很好地贯彻落实上述方案。尤其在经济比较落后的地方，专家型的法律职业者本来就比较少。而且，在法律硕士的课程设置上以法律理论课程为主、以法律实践课程为辅，并且在普遍采取课堂讲授的情况下，很难指望教师们能够使学生具有较强的法律实践操作能力。以培养研究型人才为主的法学硕士教育模式很大程度上移植到了法律硕士教育中来，大多数学校采取的教学方法仍为传统的知识传授、对现有法律条文的分析解释，而案例教学、辩论教学、法律实践调查等实践性课程开设不够，没有注重学生司法实务能力的培养与训练。还要克服任课老师单打独斗的做法，应该请法学院的所有老师甚至是外校的著名学者为学生开设专题讲座，充分利用大学法学院的资源优势，让学生博采众长、汲取百家营养。建议学生组织学术沙龙开设学术讲坛，由学生制订计划，出面邀请未给他们授过课的教师到学术讲坛讲课，并且建议每一位到讲坛讲课的教师将自己的最新研究成果、自己学科的最新发展动向传授给学生。通过这样的活动，这些法律硕士专业学位研究生得以开阔视野、拓展思维、补充规定课程的学习内容，从而受益匪浅。可惜的是，法学院较少组织这样的活动，只是偶尔举办一两场案例研讨会。

（6）学位论文写作与法学硕士论文没有区别。其一，都是同一种方式进行开题，法律硕士也是在接受两年的系统知识教育以后留一年时间进行论文写作，法律硕士就像各个法学二级学科硕士生组合的一个班级，每届学生分别选了不同的方向，学院将他们分在不同的导师名下，也就是一个选择诉讼法方向的法律硕士选题时就集中在诉讼法导师名下，开题时导师评价学生选题的标准也是学术价值，其中没有一个法律实务工作者参加学生的开题。如果有同学的选题与其他同方向的学生冲突，他就会被告知必须重新选题。其二，都是同一种形式去写作。选题后，学生根据老师指出的一些问题和提出的一些参考书目，再进行资料的收集工作。其间如有不明白事项再和指导老师联系。在联系过程中，全院系的老师就学术思想和内容对学生进行一对一的辅导和指导，不需要与法律实务部门就论文写作有什么接触。其三，答辩的形式也与法学硕士相同。论文经过指导老师同意答辩、专家评审过关后，进行论文答辩。答辩组的成员尽量考虑二级学科点的情况。答辩的内容基本上是老师就论文的逻辑结构、写作风格、体例格式和学术思想等方面提问，然后由学生准备，再来回答各位老师提出的问题。然后由答辩组老师投票表决。表决结果再经院、校两级学位委员会通过后，才授予硕士学位。整个答辩程序和内容基本上与法学硕士相同。这就使得法律硕士的培养过程完全是学术训练，不具有高级应用型的法律人才的训练。法律硕士与法学硕士在论文答辩层面上没有任何区别，唯一区别是法律硕士要论文答辩和拿学位不需要两篇公开发表的论文。几年来的实践表明，多数法律硕士研究生对毕业论文的写作是抱着不认真的态度来进行的，他们认为，论文写作对他们意义并不大，甚至认为写毕业论文耽搁了他们找工作和实务锻炼的时间和机会。而实际在论文指导和答辩过程中的流于形式的倾向性，足以引起我们的重视，不能就论文而写论文，需要用新的形式来代替。

（三）报告三：法律硕士培养模式之完善

为了更清晰了解和准确把握法律硕士教育的内在规律，下面从法律硕士培养模式的微观层面上进行阐述，期待在此找出完善法律硕士教育之进路。

1. 课程设计

人们相信没有某一门单独的学科能够垄断智慧，这就是法学院的跨学科办学方向的原因。我们如何使国人遵守法律？这个问题的答案不能仅从法律本身，而应当从哲学、心理学、经济学、社会学、政治学、人类学等相关学科中去寻求。

一个优秀的法律从业者应当具备以下知识和能力：独立工作；顺畅无碍而清晰地进行交往；对既存的法律保持一种冷静而审视性的态度和方法；通晓法律运作其间的社会、政治、经济和商业环境。澳大利亚每个州的法律业准入委员会（Law Admitting Authorities）都采用了统一准入规则。该规则确定了为一个得到认可的法学学位所必须包含的十一门知识领域。此十一门类领域是：合同法、侵权法、刑法和刑事诉讼法、衡平法（包括信托法）、财产法（包含不动产法和动产法）、行政法、联邦与州宪法、民事诉讼法、证据法、公司法、职业准则。该项规则建构了一个粗线条的轮廓，确定了学习的一般领域，而给各法学院以充分的余地，以考虑如何将这些科目整合进学位课程中。现在，这些准入法律界执业的核心学术要求，均已通行于整个澳大利亚。无论是什么层次的教学，课程设置都处于核心的位置，课程体系依赖并服务于培养目标，是落实和实现培养目标的具体措施。我国法律硕士课程应突出系统的法学基础理论学习和应用型的培养特点，在确定法律硕士专业学位研究生的课程体系时，法律硕士研究生培养目标的应用型特点，并不意味着忽视对专业理论知识的学习和掌握。没有扎实的理论功底，就难以解决错综复杂的实际问题。对法律硕士研究生来说，选择一些基础理论的、实用性较强的课程就显得尤为重要。复合型的培养特点体现在法律硕士研究生课程设置上，按法学一级学科和法律职业的基本要求来确定，课程设置覆盖法学二级学科的主要内容。

中美4所大学法律硕士课程体系详情见表9－1所列。

表9-1　中美4所大学法律硕士课程体系

耶鲁大学必修课24学分，选修课66学分：包括宪法、合同法、诉讼法、刑法、侵权法、法律写作、律师职业道德、行政法、银行法、破产法、反垄断法、税法、商业组织、通信法、刑事诉讼法、环境法、证据法、比较法、残疾人保障法、劳动法等上百门课程。学生还可参加社区法律服务、法律讲座、法律讨论研究课等课程
哈佛大学必修课24学分，选修课52学分：包括民事诉讼法、合同法、刑法、财产法、侵权法、律师写作、律师职业道德、宪法、公司法、税法、联邦诉讼、国际法、律师、谈判、法律辩论的哲学分析、会计、公司、税收、行政法、美国法律传统、反垄断法、银行法、环保、知识产权、担保、劳工、移民、比较法等课程。另外，法学院还为高年级学生开设讨论研究课，如法律史、各国法律制度比较研究、金融、伦理、心理、证据处理等
北京大学法学基础课程和研究生公共课程（必修共计36学分。适用于所有法律硕士研究生）：政治、英语、法理学、民法总论、刑法总论、民事诉讼法、刑事诉讼法、行政法与行政诉讼法、国际法、经济法总论、宪法、国际私法。限制性选修课程（10学分）：国际经济法、知识产权法、民法分论、刑法分论、商事法律制度、企业法与公司法、金融法与证券法、财税法学、法律实务专题、法学研究方法与论文写作（讲座）
厦门大学课程：法理学、民法学、刑法学、中国法制史、宪法学、法律职业伦理、知识产权法、环境资源法、商法、际经济法、法律谈判、国法制史、国际法学、经济法、民事诉讼法学、刑事诉讼法学、行政法与行政诉讼法、模拟法庭训练、法律文书

　　4所大学的课程编制具有高度的趋同性，都是基础理论和一些实践课。从其中我们可以看出，美国法律教育致力于追求实用目标。如哈佛大学法学院课程设置，课程注重实用性是美国法律教育的突出特征。反观中国法律硕士教育课程注重实用性就表现得不明显。当然，合理的课程编制不一定可以发生良好的结果，不合理的课程编制却可能只有坏结果发生。因此，在法律教育中就必须确保课程编制的合理性。中国法学会副会长张文显教授认为：法律人应当具备的职业素质包括法律思维能力、法律表达能力和探知法律事实的能力。法律教育的内容应当有利于培养法律人的这些职业素质。要克服教学内容与司法职业相脱节的倾向，加强法律教育课程与法律职业化的衔接，可考虑将法律语言学、法律推理学、法律解释学、法律技能学、法律伦理学等纳入法学主干课程，增加新兴学科知识、法学

195

应用学科知识教育。

（1）我国法律硕士生课程应呈现的特点

1）建立较合理的课程体系，压缩专业基础理论课程。在课程设置方面，由于法律硕士中绝大部分学生对法学缺乏系统完善的了解，应该坚持开设已被普遍认同的14门法学主干课程，使学生在广泛了解法学这一领域后，确立自己的兴趣所在和能力所及之处，并在此基础上加强职业技能课程的学习，以便为自己以后开采这一宝藏而奠定基础。但基础理论课程教学时间要压缩。与法学硕士相比，法律硕士在强调坚实、系统的法学基础理论素养的同时，着重于宽广的法律实务知识和应用能力的培养，要求毕业生具备作为一个法律工作者所需要的综合知识和实际工作能力。基于这样的目标，法律硕士以法学一级学科设置课程体系和培养方案。课程结构中以法律专业核心课程为必修课，偏重于系统讲授基本原理、基本知识和研究基础理论，不再进行专业细化，而是帮助学生形成较为完整的法律知识体系。西北政法大学王健教授认为：法律硕士教育所要培养的法律人，不是一般的具有法律知识的人，而是"理实兼备"，能直接从事法律实务工作的特定意义上的法律人。它以立法、司法、行政执法、法律服务和法律监督等法律工作岗位为其直接的服务对象并促进其发展，它所培养的人才类型重在"应用""实务"和"职业道德与职业能力"方面。对照一下美国法学院，其学制主要是全日制在校学习三年。法学院设置的必修课约占全部课程的1/3，它构成了律师必须拥有的基础知识和技能。法学院在一年级开设的课程基本一致，一般包括刑法、合同法、侵权行为、财产法、民诉法、民权法六门。第一学年学生学习基础法律课程；第二学年学校专门开设研究性课程，以提升学生的研究能力。值得注意的是，有的学校将法理学在最后开设，这一设置是合理的，因为在学习完各部门法、有了广泛深厚的法学功底之后，对法理学更能融会贯通。但法理学主要灌输法律方法和法律思维等实务性内容。

2）设计一定量的选修课程。法律是生活的百科全书，它告诉人们为人处世之方、待人接物之法、安身立命之道。为了培育法律人才能具备系统的知识以及综合运用知识的能力，学校应针对不同专业背景的学生，在保证接受14门统一的法律基础课教育的前提下，再设置一定数量的专业必修课程，进一步细分法律硕士专业的方向，使法律硕士课程体系更加合理，使得各种专业背景学生在法律硕士教育阶段都能够得到尽可能好的发展。在这方面，可以发挥一些高校法律系自身的特点和优点，设立具有特定专业方向的法律硕士培养类别，如知识产权法律硕士或国际经济法律硕士等等，以便更好地适应法律工作日益专门化的趋势。学校应开设大量选修课，并鼓励学生跨专业、跨学科选修，学习各学科的前沿知识，诸如不断发展的政治学、经济学、管理学等，使其成为一个优秀的法律工作者知识库的一部分，从而也更好地领悟作为一门实践性和社会性学问的法律学。在具体的教学过程中，应当鼓励学生结合本科专业确定各自的研究方向，如英语专业的，多选修、多阅读国际法方向的课程；本科学经济的，可以侧重于民商法、经济法学、合同法学、物权法学等课程；本科学医学的，可以侧重民法、侵权法等。法律硕士研究生有的来自理科，有的来自工科，甚至来自医科，他们的双重专业背景为法学研究提供了多种方法，学社会学的可以用社会学的方法对法律进行研究，将学经济学的可以用经济学的方法进行研究，法学与政治学、经济学、医学等各种学科结合，从而形成多种边缘学科，也在很大程度上开拓了法学研究的新视野。

3）提供法律实务课。有学者认为法律教育应培养学生法律概括、法律分析、语言文字表达等"专业能力"，以及法律注释、法律渊源识别、法律解释、利益衡量、法律推理、法律漏洞补救、法律说理等"法律技术"。

根据法律硕士的应用型特点，首先应该突出在实践能力较强这一点。培养目标以职业教育为主，课程安排以法律实务为主，教学方式以案例教学法为主，一开始就培养学生像律师一样思考。多让学生进行司法实践，鼓励开设实践性、技术性强的法律应用课程，如律师诉讼技巧、商务法律应用、非诉讼处理谈判技巧等课程。北京大学的法律实务专题、厦门大学的法律谈判、模拟法庭训练等，就是体现这一理念。在美国的各个大学中，广泛采用"模拟法庭"（"模拟审判"）的方法，这种方法可以增强学生的司法实践能力，并对司法程序给予更多的关注。现在我国许多大学也在借鉴"模拟法庭"这种方法，学生通过接触或模拟司法实践，能够将其所学的理论与实践有效地结合起来，能够比较科学地研究和分析现行法律，并能对法律实施和立法的缺陷提出一些批评和建议，从而达到培养锻

197

炼处理法律实务的能力，为将来的法律职业生涯奠定基础。华东政法大学曾组织在学校开设了三门选修课：法官与案例、检察官与案例、律师与案例，聘请上海职业道德好、业务水平高的知名法官、检察官、律师当主讲教师，一开始只有110多人选修，后来发展至300多人，学生反映很受教育。

总之，学校在课程体系的设计上，要满足学生形成合理的知识结构的需求，增加必要的教学实践内容，同时要有利于多学科间知识的交叉和互相渗透，从而使学生成为专业基础扎实、知识面广、创新能力强、综合素质高的复合型高级法律专门人才。为此，首先应建立科学合理的法律硕士课程体系。主要应包含三个方面的内容：其一为基础知识，含边缘学科基础知识和跨学科基础知识两大部分，作为进一步学习专业知识的铺垫；其二为专业及应用知识，含法学专业知识、应用法律及法律实践的知识；其三为专业技能训练，包括一般高级人才应具备的工作技能和法学人才应具备的专业技能两方面。其次，要增加选修课的数量，扩大其覆盖面。被誉为"社会医生"的法律工作者，应具备一般人所不具有的人文修养和素质，而这部分知识的获得，有相当部分在非法律课程中才能掌握。要增开诸如经济学、法哲学、社会学、历史学、人类学、伦理学、心理学等方面的课程。这样有利于培养学生从不同的学科视角去认真思考现实生活中出现的各种问题，并提高其法律职业道德品质。再次，开展广泛深入的社会调查活动。法律硕士教育应根据学生的专业特点和职业性质，开展广泛的社会调查活动，培养学生对社会的观察力、思考力、分析问题和解决问题的能力。目前，一些法律院校正尝试在教师指导下以学生为主体建立非营利性的法律援助中心，向社会提供法律援助，这一法律实践新途径值得大力提倡。最后，充分重视学生法律思维训练，把培养学生良好的法律思维品质当作法律硕士教育的重中之重。因为良好的法律思维品质是法律职业训练和法律职业综合能力的基本要素之一。为此要在教育观念、教学内容、法学教材、教学方法含课堂教学、案例教学、论文写作、考试方式、社会实践等方面进行相应的改革。

（2）现行法律硕士生课程设置的不合理性

1）选修课数目有限。目前，北京大学法律研究生课程设置了10门选修课、厦门大学6门选修课左右，而美国哈佛大学则有几十门选修课。我国法律硕士生选修课程明显不足。"法学院的课程设置一直与主要的法律文件对应"①，而课程内容则大多偏重于法律规范的介绍和注释，不太关注法律规定在现实中的具体运用或现实究竟发生了什么。因此，在许多重要的领域，如外商投资、工商管理、地方立法等，由于没有相对统一的法律规定，实践中也就没有相关的课程。攻读法律硕士生专业学位的学生，在经过一年的基础课程学习后，面临着专业方向的选择，此时应增开大量的选修课程，学生在足够多的选修课程中选择自己感兴趣的一系列课程，形成自己未来所需要的专门知识结构。另外，大量的选修课程也可以开阔学生的视野，使学生掌握全面的法律知识。在课程设置方面，学生可选择的选修课太少，法律实践课程比重也太低。

2）职业道德修养与职业能力的课程较少。中国人民大学法学院张志铭教授认为：没有法律职业道德的支撑，就不会有现代法律职业。中国法律教育，特别是研究生教育存在的一个缺陷，是中国法律教育当中缺乏司法伦理的训练。教师比较注重基本理论知识的传授讲解，忽视职业能力和职业伦理道德的培养训练。尽管这能很快地向学生传输系统的法律基础知识并提高其理论素养，却制约了学生运用法律知识解决实际社会问题的职业能力培养。对法律人才的培养与教育，如何采取多种途径和形式加强学生法律职业伦理和职业能力的培养，并将此项工作贯穿于教学工作的各个环节之中，应该是教学的重中之重。法律教育的目的，是培养出为社会服务为国家谋利益的法律人才，这种人才才算合格的法律人才。一定要有法律的道德，才有资格来执行法律。然而，大多数试点学校都没有专门针对法律硕士开设职业道德方面的课程，平时也很少开展这方面的教育活动。台湾东吴大学法学院的校训是："养天地正气，法古今完人。"其意为："一定要有法律学问、法律道德和社会常识，"三者俱备，才可以称为"法律人"。对学生职业道德、职业伦理的培养绝非一门课的问题，而是要求每个教师都要从自己的专业角度，不断强化法律的职业精神，使每个学生都能有意识地以"法律人"的标准要求自己。加强对法律硕士的职业品德

---

① 在1996年1月召开的高等法律教育改革研讨会上，专家们已经一致指出了现实中存在颁布一部法律就开设一门课程的现象。参见《高等法律教育改革研讨会会议纪要》，《中外法学》1996年第2期。

和素质教育，培养社会的实干家。对于职业能力的考量，法律硕士从事的特定职业是高层次的、专门化程度较高的一种技脑结合的职业，需要经过深入的专业理论知识的学习和专业技能的训练，他们必须掌握一定的实际技能并具有较强的知识转化能力，这种特定职业的专业人士应具有实干家的高水平专业技能，多数试点学校也没有开设有关提高职业能力的课程。因此，应加强职业技能课程建设，职业技能课程设置应该以从事法律实务工作所应具备的基本职业能力为出发点，并结合培养单位自身教学资源优势斟酌确定，如法律文书写作、演讲学、辩护学、谈判学、侦查学、证据法学等等。

3）在职法律硕士培养、法学本科、法学第二学士、法学专业硕士生培养课程基本一样，漠视与法律硕士的区别。中国法律教育现在可以说是"多轨制"。因为在这种"多轨制"法律教育体制下，进入法律职业的大门太多太乱，不利于法律职业的统一和成长，导致了法律专业硕士学位课程与在职法律硕士培养的课程、法学本科培养课程往往混在一起，难以区分。法律硕士教育既不同于法律本科教育，也不同于法学硕士教育，但又与这两种教育存在很大交叉之处。因此，在课程建设上，应该努力突出法律硕士教育的特点。

从实质上说，我们既然把法律硕士定位为硕士，也就意味着法律硕士不是双学士教育，更不是本科教育的重复，而应当是在本科教育层次上的提高。考虑到现有的法学二级学科划分过细，并不完全适应法律硕士的培养要求，但对法律硕士的培养仍需做一些区分。例如，可以按所学内容将法律硕士分为民事、刑事、律师等几个大的学科，分别制定不同的培养目标和培养要求。确定法律硕士专业学位研究生的课程体系时，应注意将其与法学专业第二学士学位课程和法学专业硕士生课程区别开来。就法学专业第二学士学位生来说，其开设的专业课程基本上仍然是法学专业本科生的主干课程，内容侧重"三基"。就法学硕士来说，其学位课程除公共课外，主要与其专业乃至研究方向相一致。法律硕士虽然属于研究生层次教育，但由于报考者为非法学专业考生，即考生并无法律专业的知识背景，因而容易将其按照法学专业第二学士学位的模式来培养。又由于它属研究生教育，因而也容易将其按照法学硕士学位的模式来培养。上述两种现象均有不同程度的存在，其结果是偏离了该专业学位研究生的培养目标。有鉴于此，北京大学法律硕士的课程以强调理论与实践并重的理念，针对法律硕士研究生的特点，法学院按照学生学习的不同阶段，依照法学基础课程、法学专业课程、法律实务专题、实习与社会实践、法学方法与论文写作专题等课程类型逐渐深入设置课程，使课程结构呈阶梯形分布，有利于学生系统地掌握法律专业知识和职业技巧，突出法律硕士学位研究生特色。

2. 教学方法

教学课堂必须从封闭走向观念的开放、知识信息的开放，教师应为传统教学模式注入生机活力。北京大学法学院陈兴良教授曾感叹：作为一名法学教师，同样存在这样的困惑，给本科生上课知道讲什么，给法学硕士生上课也知道讲什么，就是给法律硕士上课不知道讲什么。这应该是目前所有从事法律硕士教育的导师们的共同困惑。导师授课随意成分较大，实践中的课堂授课大都带有传统法学授课方式的烙印，要么偏重于依章节授课，要么偏重于以专题授课，教育多采用黑板式"满堂灌"的教学方式，对学生的实务技能未能很好地训练，阻碍了学生的创新能力的发挥，不利于理论与实践的统一。要减少灌输式、填鸭式、书斋式的教学方法，就必须吸收和借鉴英、美等国家法学教学的方法和经验，推行案例教学法、讨论教学法、模拟法庭教学法、法律诊所教学法等，强化实践操作锻炼，全面提高学生的听、说、写、思、做以及法律思维、法律思辨和解决实际问题的能力。另一方面，法律教育应当多利用现代化的信息手段进行授课，实行网上教学，使学生接触到生动的案例。

英国的法律教育在培养目标、教学内容、教学方式、教育评价以及素质能力培养方面有自己的特色，其主要特点还是法律理论的学习与法律实践培训相结合。美国法律硕士教育多以案例教学法（Case Method）为主，多种律师职业技能训练为辅，在教学方法上，崇尚苏格拉底的问答式教学方法（Socratic Method），教师课前先将要讨论的内容所涉及的教科书、案例布置给学生，学生上课前必须对所布置的内容有充分的了解并形成自己的见解。在课堂上，教师不会发表自己的观点，他的作用就是引导学生进行讨论。学生要像在真正的法庭上一样陈述自己的观点，并和对方进行辩论。教师和学生之间也可以互问互答、互相争辩。由教师对案例进行提问，学生针对案例所体现的原理和原则进行深入探讨。这样既有利于学生理论知识的巩固，也使学生在课堂上可以接触到较为实际的司法实践内容。另外，还采取"模拟法庭"的课堂形式，真实地再现实际的司法活动，使学生对司法程序有切身的体会和感受，并使司法实践能力得到增强。美国各法学院还大力提倡案例教学法，以培养能尽快适应律师实务的需要而展开教学。案例教学法是指在法律教育中以真实或虚拟的案例材料作为法学专业基础课和专业课教学材料，使学生通过分析、讨论这些材料而掌握有关的理论、原理，从而培养学生法学专业知识能力和法律实务能力的一种教学方法。但是必须注意，案例教学法绝对不是仅仅讲案例，而是一种对法律的判例研究。即从司法运作的角度分析案例，教师把案例的司法运作过程进行解析，不但要分析案例的实体法、程序法依据，更要阐明此具体案例运作过程中涉及的理论及学说渊源。从这种角度研究案例才能真正使理论和实践相结合。此外，还有诊所式法律教育，法律诊所教育是美国在案例教学法之后所采用的又一种新的教育方式。大致说来，这种教育模式是借鉴医学院培养实习医生的方式，通过相关的法律活动来提高学生实践能力的教育方式。2000 年，北京大学、清华大学、中国人民大学、复旦大学、华东政法大学、中南财经政法大学以及武汉大学七所全国重点大学将"诊所式法律教育"模式引入法律教学实践，这种诊所式教学在课堂内通过提问、对谈、互动等方式进行。基本技能训练课堂外则为学生提供代理真实案件，使学生参与办案的全过程。诊所式法律教育改变了传统法律教学方法，冲击传统法律教育模式，其教学理念对其他课程的教学也提供借鉴。在清华大学法学院，诊所式法律教育课程被一些学生称为法学院"最有特色、最有意思、最有帮助"的课程。当然，实行诊所式教育存在着"拿来主义"的问题和资源本土化的问题。此外，还有的大学针对大学教育概念注释条文和抽象的特点，引进案例教学法，有针对性地提出教学意见，培养学生的实践素质。

3. 教师队伍

目前，法院审判人员、检察人员、律师、大学法律教师等法律职业之间尚未建立正常的职业流动机制，使得从事法律实践的法律人缺乏相应的理论根基与素养，而大学教师又缺乏教学所必需的法律实践。中国法律教育诸问题中师资问题无疑是最首要的，优秀法学师资的缺乏更是至为严重的问题。一些高校的法学教师往往是从法律院校毕业后直接走上大学讲台，由于从课堂到课堂，由学生直接转化为教师，他们往往强于法学理论研究，弱于对司法实务的感知和了解，特别是在传授司法技能和经验方面更显不足。尽管一般他们是本校的教授或副教授，具有较高的法学修养和教学丰富经验，但学术背景单一，缺少实务方面的专家。除此以外，法学院几乎所有的教师都是终生职业教师，其来源大多是留校的法学院毕业生，他们在成为教师以前和以后都没有任何实务经验。某些教师可能终生都没有机会在法庭露面或代理客户或参与政府的决策制作过程。对于这样的法律教师而言，他们能够教授的也只能是法律规定而非法律实践。要保证教师的教学能满足法律硕士研究生法律教育的高质量要求，首先必须有一支高质量的师资队伍。如诊所式法律教育，就集中了法律知识、职业能力、职业道德的教学任务，一般要求诊所法律教育的授课教师不仅学术上有一定的造诣，而且还应该是个具有丰富实务经验的法律家。从我国目前的法学院校的师资队伍来看，已经有相当一批的教师，他们既学识渊博同时又是校外的兼职律师或是挂职法官、检察官，将这一批师资吸引到法律诊所式教育中来是非常必要的。同时，在实务部门也有一批从业经验丰富而又注重学术研究的法律家，通过一定的聘用制度，将他们引入诊所式教育队伍中，对于保证诊所式教育的质量也是大有助益的。一些法学专业教师撰写论文，出版著作只是为了应付评职称，并且其注意力更多的是放在理论研究中，对实务中的问题不太关注，致使接触到的实际司法活动少，没有有效地将理论与实践相结合，导致自己缺乏法律应用能力。没有法律实践，他就很难把法学理论生动而适用地传授给学生。相比之下，世界一流的大学，如美国的哈佛大学、耶鲁大学，英国的牛津大学、剑桥大学的法学院教授，都会抽一定的时间从事具体的律师实务。而我国法学院教师队伍呈现学院化和学术化，教师不结合司法实务甚至羞于结合司法实务，法学教师不具备实务知识和实务经验，显然不能适应教学改革的要求。法律职业教学活动需要法律职业教师，所以，法学院系除了应当采取一定的措施培训实务教师，更为直接的是倡导教师从兼职的律师实务或仲裁实务中获取所需的经验和办法，要去除以前法学理论教学与实践脱节现象，鼓励和引进具有实践经验的教师上讲堂。当然，也要去除兼职教师疏于教业的现象。我们可以尝试建立这样的制度：（1）建立专家型法官校园授课制度。充分发挥司法实践部门的资源优势，鼓励理论与实务兼具的资深法官到大学课堂讲课，制订高级法官赴法律院校授课考评办法。专家型法官可侧重于讲授司法实例、技能和经验等实务课程，以弥补院校教师在这方面的不足；（2）建立应用型法学教师办案制度。鼓励法学教师作为兼职法官、陪审法官、律师办理案件，参与司法实践，提高司法应用能力。建立法学教师办案考评办法，将教师办案阅历作为晋升高级职称的必要或参考条件。

4. 社会实践

社会实践与毕业论文课题是决定法律硕士专业学位研究生能否毕业的关键环节，也是评价研究生水平的一把标尺。目前评价法律硕士专业学位研究生所用的标准，其实是一套学术性的标准，如硕士生的在校学习成绩、在核心期刊发表多少文章，几乎很少真正从法律实务的角度去评价一个法律硕士（安徽大学在这方面做得很好，废除了法律硕士生发表论文的强行性规定）。这使得当前的法学院在这样一套评价体系之下，精力集中提升学生的学术影响力，教学模式也明显缺乏法科所要求的一种实践性的维度。"近年来，理论学习与实践训练人为的两分法在一些国家受到了批评"①。法律实践是法律教育的重要环节，实习对学生来说是初入"法门"的锻炼机会，对其以后职业习惯的养成有着相当大的影响，所以实习质量尤为重要。而法律实践的现状是，法律教育机构和司法实务部门对实习环节均重视不够、管理不力，结果是所有法院都可以接纳学生实践，每个法官都可以指导学生实践，因而使法律实习成为一种形式，相当一部分学生的实践效果并不理想。针对这一情况，应当建立起法学实践资格评选制度，在司法实践部门确定一些优秀法院、检察院、律师事务所为法律教育的实践教育基地，选拔一批优秀法官、检察官、律师作为实践指导老师，并加强对实践基地和实践指导老师的考核，确保为学生提供优良的实习条件，提高实践的效果。社会实践可以借鉴诊所式法律教育，自从 2000 年起，法律诊所在我国引入试点后，各试点院校都建立各自的法律诊所。这些诊所有以下几个特点：一是仅限于有法律诊所试点的十余所院校；二是这些法律诊所是各院校结合各自的特色和资源设立的，如华东政法学院的

① Australian Law Reform Commission, Review of the Adversaries System of litigation, Rethinking Legal Education and Training para5. p. 3；para5. p. 27 (1996)。

法律援助中心，清华大学以消费者权益保护为主的调解诊所，武汉大学弱者权益保护为主的法律诊所；三是主要为本科生设立，办案的质量受到明显限制，影响力很难扩展。只有少数设立了诊所式法律教育项目，更多的院校虽然已经表示了对该项目的强烈兴趣，却由于经费、师资等原因尚无法启动。如何保障诊所式法律教育在学校的持续发展，以及如何促使更多的高校能够加入是一个必须关注的问题。如果各个法律硕士培养院校都要投入必要的教学经费，组建各自的法律诊所，初期可以仅设立一个法律诊所，在一两年的运作后，逐步衍生出具有一定分工的多个法律诊所，比如按部门法特点分为民事法律诊所、商事法律诊所、刑事法律诊所、WTO 法律诊所，或是按职业特点划分法官、检察官、律师等实务诊所。法律硕士研究生就需要在法律诊所中进行实践，一方面补充学生实务知识和技能的不足；另一方面，学生在办案中遇到的问题，也可以在课堂上通过问答、讨论、总结反馈、模拟训练的方式得到及时解决。在第三年的学位论文撰写中，学校可以要求学生总结在诊所法律教育中的办案经验，撰写以案例分析或案例实务研究为主的学位论文，同时结合学生的第一专业背景知识。目前学生社会实践的主要问题是，缺乏对学生的管理机制和考评机制，使得法律实务和社会实践科目流于形式，没有收到明显的成效。

5. 毕业论文

法律硕士毕业论文的要求是结合自己的学科背景，着眼于实际，写作注重理论联系实际，注重解决问题，但实践中这项原则性要求却没真正落到实处，论文的体例、写作方法、论文指导、论文答辩都在延续着法学硕士的培养思路。由于法律硕士学位论文要求与法学硕士学位论文一样，过分强调学术标准，而忽视实践价值，因而法律硕士学位论文没有特色，千人一面。北京大学法学院朱苏力教授认为：对法律硕士的论文应该重新调整，可以考虑要求他们以分析案例的方式来做论文，培养实际工作能力。这种方式，可能会使中国的法律教育更加务实，而且在这个过程当中，也可能推动理论研究的发展。在法律硕士论文写作和指导方面，可以考虑用多选课的方式来代替写论文，但是，这样做的前提是要有相应的课程难度，要有写作的训练。

目前，有不少大学意识到这些问题，已着手进行教学方案的改革。但是，对于法律硕士学位论文的改革，法学院老师很少做理论上的研究和实践上的尝试，这可能是研究生教育的硬性规定所造成的。这是制度层面的问题，目前尚未突破。北京师范大学法律硕士培养模式值得我们注意。

北京师范大学法律硕士专业培养方案为：

课程设置：法律硕士专业学位研究生理论课程学习必须修满 45 学分（其中必修课 28 学分，选修课 17 学分）、实践课程学习必须修满 12 学分，并完成学位论文。在职攻读法律硕士专业学位研究生可免修实践课程。考虑到法律硕士联考或推荐免试入学的法律硕士研究生没有法律专业教育背景，也没有法律职业实务背景，所以需要进行相应的实务课程的必修环节：（1）法律文书课（含起草合同、公司章程、起诉书、答辩书、仲裁申请书、公诉书、判决书、裁定书等的训练，由本校教师、律师、检察官和法官讲授）（3 学分）；（2）模拟法庭训练（分刑事审判、民事审判、行政审判三种，可任选其一，法官、检察官、律师及当事人四类型任选，由教师组织，聘请本地法官、检察官、律师辅助指导）（4 学分）；（3）法律谈判技巧（2 学分）；（4）法律实践课（在法律实务部门实习一个月）（2 学分）；（5）法律专题调研报告（1 学分）。学位论文选题应贯彻理论联系实际的原则，论文内容应着眼实际问题、面向法律实务，重在反映学生运用所学理论与知识综合解决法律实务中的理论和实践问题的能力。

学位论文：（1）文献综述与学位论文开题报告的说明（此部分内容参照研究生院的相关规定）。（2）学位论文的表现形式。法律硕士学位论文应以法律实务为主要内容，其成果形式不限于学术论文，还可采用案例研究、研究报告、专项调查等。

可以说，北京师范大学非常重视法律实务和社会实践。北京师范大学法律硕士专业学位研究生培养方案，对激发学生社会实践的热情和论文的写作灵感已先行一步，值得许多法学院的借鉴。

二、中国法学教育改革的基本思路
——以职业教育为基本取向

半个世纪以来，中国法学教育走过了一个艰难曲折的历程。改革开放后，法学教育获得了极好的发展机会，经过 20 世纪 90 年代的迅猛发展，到 21 世纪的一片繁荣，在全世界都具有独一无二的特点。首先有大学法学本科、大学法学专科，其次有法学硕士、法学博士，最后还有法律硕士教育。法律硕士教育又分成两种类型，即在职法律硕士教育和全日制法律硕士教育，其中全日制法律硕士教育招生对象是非法学专业的本科生。但法学教育存在的问题也逐渐明显，尤其是法学教育与法律职业似乎始终没有多大关系，就业难导致的问题更为凸显。现在该是进行认真检讨和反思的时候了。

（一）大学法科教育与法律人才培养

法学本科教育是传统法学教育中的重点。除了很多政法专科院校、司法类院校等大专法学教育类型的学校外，全国众多的大学增加了法学本科专业。到目前为止，有600多所法律本科院系。尽管近年来有很多学者指出法律类的院系太多，招生人数太多，造成学生就业困难等，但如何解决这种问题呢？很多人认为只有靠适者生存、优胜劣汰的市场规律来起作用，这种想法似乎只有靠招收法律学生的院系减少、学生人数的减少来解决了。我认为这是不切实际的想法。

1. 法学本科教育输送的是半成品的法律人才

中国大学法律本科的课程体系设置大致是"公共课+法律基础理论课+部门法学课"。从课程设置来看，法律学生了解了国家法律的基本知识和基本理论，但不了解国家法律的实际运行规律，不了解国家法律实际运用的技能和方法，当然更不了解非国家法律或社会学意义上的法律的运行规律。法科毕业生走上工作岗位要很长时间才能适应实际工作。法律实务部门常有关于法科生与非法科生具有同步性的论调，即他们的专业在适应实际法律工作上不分先后、快慢、能力强弱，关键是个人基本素质。这对于法律教育来说应该是一个不小的讽刺。

导致这种状况与非实务部门没有任何关系，主要是法学教育输送出的人才只能说是半成品①，即我们经过几年的高等法学教育培养出来的法律人才，只了解法律基本原理和基本知识，绝大多数不知如何把基本原理和基本知识运用到实务中去，实务处理的技能和方法都是在工作后获得的。

---

① 霍宪丹. 中国法治的造型基因——简论司法考试制度的建立与法律人才培养模式的重塑[J]. 环球法律评论，2004（冬季号）：80.

而非法律专业的学生在经过短暂的突击后，也能获得相应的法律基本原理和基本知识，所以也能够通过司法考试，获得进入法律职业的资格，实务处理技能和方法同样是在工作后获得的。两者的区别是法学科班生用四年时间来学习法律基本原理和知识，非法律科班生用较短的时间来学习法律基本原理和基本知识。

2. 法学专科教育输送的是 1/4 成品的法律人才

我国目前法律专科学校还比较多，几乎每个省、每个中等以上城市都有这种类型的学校。他们开设的课程和法学本科院校开设的课程大致相同，唯一不同是专科一般用 2～3 年的时间学完所有课程，毕业论文相对简单或者没有论文写作环节。随着司法考试标准、法律职业准入标准的提高，法律大专生多数选择通过自学考试、成人继续教育方式获得法科本科文凭。自学考试科目和成人继续教育的课程设置几乎和大学本科课程设置没有实质性的区别，学习内容也没有多大的变化，不同的是自学考试是自学、成人继续教育是集中上课。在课程体系中没有法律实务处理的技能和方法内容，也没有法律职业伦理等方面的课程。所以，自考和成教毕业的法律学生其知识结构和全日制法律本科毕业学生大致相同，差别主要体现在外语水平的高低。一般说来，全日制科班法律毕业生外语水平相对高些。这样看来，如果说法学本科生是半成品的法律人才，那么法学专科生就是 1/4 成品的法律人才。

（二）研究生法律教育与法律人才培养

本文的大学后法律教育是指法学研究生和法律硕士研究生教育。法学研究生教育在我国包括三种类型，即传统意义上的法学硕士研究生、法学博士研究生和新型的法学研究生课程进修班教育。法律硕士研究生是 20 世纪 90 年代中期才形成的法律人才培养模式，包括全日制法律硕士教育和在职法律硕士教育。但是大学后法律教育存在的问题也很多，其中最突出的是设置初衷很难实现。

1. 法学研究生教育输送的多数不是学术法律人

法学硕士和法学博士制度设置的初衷是为法律教育和科研机构培养学术性人才，它所预期的毕业生是学术法律人（academic lawyer），而非实务法律人（practicing lawyer）。为了实现这样的目标，法学硕士、法学博士在入学考试标准、专业划分、课程设置、导师以及毕业论文写作等各个环节上都是以学术为指向的，但多数毕业的学生还是以法律实务部门作为就业的首选目标。近年来随着各个高校的扩招，法学研究生招生规模也在不断扩大。虽然各个环节中的学术指向和教育性质没有发生根本的变化，但毕业的学生还是越来越多地进入实务部门，在选择学术职业的人数中，多数是不得已而为之，并随时准备跳槽。多数高校的指导教师反映，随着法学研究生规模的不断扩大，学生的学术素质越来越低，不仅指导教师没有精力来管理和指导，学生本人也感到"物以多为贱"，在入学的同时就考虑如何去就业，学术问题根本没有放在心上。很多学校为了培养学生的学术素质，都要求学生在论文提交答辩前有公开发表的学术论文，有的多，有的少，但至少不低于两篇。有意思的是，高校的张贴栏和教室的黑板上，随处可以看到只要花上几百元钱就能发表论文的各种广告。市场的供需规律充分发挥了作用。

2. 法律硕士教育实践模式严重背离设置初衷

法律硕士教育制度设置主要针对两个方面：一是我国传统法学教育太注重知识的传授，而忽视了法律职业技能和方法的培养；二是大学法学教育远远不能满足社会对法律实务人才的大量需求。关于注重知识传授而忽视法律技能训练的问题，在上文中已有论述。至于第二个方面，有学者进行了统计："到1993年底，全国法院系统法律本科毕业的仅1.4万人，占总数的5.6%，检察系统为7700人，占4.3%。全国法学研究生的招生规模在1993年之前，长期维持在每年300人左右，直到1993年才增加到600人。"① 这种招生规模连补充教学科研人员都不够。为了满足政法部门和市场经济对高层次应用型法律人才的迫切需求，法律硕士教育制度应运而生。这样我们就可以看出法律硕士教育的基本定位是：培养应用类法律人才，属于高级阶段的法律职业教育。

但法律硕士教育实践不理想，主要体现在应用性的教学内容偏少、培养模式还是偏重于学术性等方面。笔者曾对安徽大学近五年来的全日制法律硕士教育进行了比较全面的调查和总结，发现其课程设置、教学风格、

209

---

① 霍宪丹. 法律硕士教育定位的背景和基础［J］. 华东政法学院学报，2005（3）：5.

论文撰写、就业方式和法学硕士教育相似甚至雷同①。全国其他院校也存在类似的问题。这些情况说明法律硕士教育制度设置初衷没有得以实现。

（三）法学教育整体制度设置调整和改革

中国法学教育表面的繁荣难以掩盖实质性的困境：一方面在扩招，另一方面学生就业非常困难；一方面要求培养符合市场经济需要的实务人才，另一方面通才式的、偏重学术性的人才培养模式很难改变；一方面有培养学术法律人与实务法律人的不同的教育制度设置，另一方面陷入学术法律人不专研学术和实务法律人不擅长实务的怪圈。这不是哪一个方面法律教育出现的问题，而是整个法学教育制度存在的问题，因此，必须进行整体性的改革。

1. 从制度上取消法律本专科教育的设置

法学大专教育设置其本身就显得不伦不类。它究竟以培养什么样的人才为目标、它的培养方案与本科有何差异，这些连制度的设置者自己都可能不清楚，更何况在国家司法考试需要本科文凭的情形下，法律专科确实显得有点多余。现在该到了毫不犹豫地做出废除的时候了。法学大专院校何去何从，这是需要另加讨论的问题。

至于大学法律本科也应该取消。法学学科具有政治性、社会性和实践性强的突出特点，由于法律制度是由一整套高度抽象的法律关系和规则体系构成的，因此，学习法律的最佳时机和年龄应该是在具有一定的社会阅历、生活经验以及接受过一个完整的专业教育和人文素质教育之后，而中国大学的法律教育却是以高中毕业生为对象的。所以，法律本科教育除了具有通才式的、偏重学术性的、应用性较弱的弊端外，还有学生年龄、阅历和生活经验等方面不足的缺陷。所以，在注重实务和效率的大环境下，法科生找工作难是十分自然的现象。既然我们输送的产品不受社会的欢迎，就得重构生产环节并改进我们的产品。笔者主张取消法律本科制度设置，这是一个不小的举措，会引起一定幅度的震动，我们要做好必要的心理准备。

---

① 强昌文. 法律硕士教育存在问题与对策［J］. 安徽读大学法律评论，2008（1）：72-75.

2. 从制度上取消在职法律硕士教育的设置

1995 年法律硕士教育制度正式确立后，从 1998 年开展了在职攻读法律硕士学位教育工作，从而形成了我国法律硕士教育的二元结构，即目前实行的全日制与在职攻读双轨并行的法律硕士教育体制。两者之间有一定的差异：在职攻读的是实务部门的在职人员，全日制是非法学专业的本科毕业生。前者符合条件的，在毕业时获得学历但无学位，后者会获得学历和学位；前者是通过半脱产、集中授课的方式修完课程，具有成人继续教育的色彩；后者一般采取全脱产、全日制的教育方式，进行系统、正规的培养。如果说在职法律硕士教育取得一点成绩的话，那就是对实务法律人士的法律理论提高有所帮助，他们中的绝大多数人经过多年的实际工作，在法律实务技能方面应该比授课教师要强。随着大学法学本科的取消，需要接受在职法律硕士教育人员的逐渐减少，在职法律硕士教育也会失去它存在的必要性。所以，在制度上可以取消它的设置。至于在职法律实务人员需要提高理论水平，可以通过定期培训的方式来解决，而不是通过专业学位教育的方式来进行。

3. 从制度上取消法学硕士教育的设置

法学硕士研究生教育在现行的学科/专业目录框架下按照二级学科的规划分门别类地培养法理学、法律史学、宪法与行政法学、刑法学、民商法学、经济法学、诉讼法学、国际法学等专业的研究型或学术法律人。这种学科、专业设置口径偏窄、应用性学科所占比重较小、培养要求偏重学术性的法学硕士教育模式弊端越来越明显。如前文所说，招生人数不断增加，学术素养无法得到保障；偏重学术培养，但实务能力严重不足；博士生招生学校和人数在增加，科研和教学人员供给有了保障，硕士毕业生几乎很难被科研和教学单位接受；随着法学本科的取消和法律硕士教育的开展，法学专业研究生教育已经到了从制度上考虑取消的时候了。

从上述内容来看，法科教育形式只有两个即全日制法律硕士教育和法学博士教育。

（四）确立法律硕士教育为通向法律职业的唯一路径

法学教育存在的问题归结到一点上来说，就是没有确立法律职业教育的目标而是以通才教育为目标。以通才教育为目标，我们的法科教学队伍

211

都擅长于法律知识传授、法律原理分析、填鸭式的教学方法的运用，培养出来的是"万金油"式的人才。到了研究生教育阶段，由于是一套教学人马，不管是法学硕士研究生，还是法律硕士研究生，教学基本上还是以教师讲解为主，偏重于系统讲授基本原理、基本知识和研究基本理论，缺少师生之间的互动；课程缺乏灵活性，选修课程数量严重不足。这种模式有利于研究生形成完整的知识体系，但不利于培养法律思维、法律推理和实践能力。随着大学法律本科教育和法学硕士教育的取消，法律硕士教育成为法律教育的主渠道，必须对法律硕士教育给予高度重视。

1. 明确法律硕士教育的性质

法律硕士教育制度设置的初衷就是培养高素质的法律专业人才。随着在职法律硕士教育的取消，法律硕士的招生对象只能是非法律本科毕业生。所以，法律硕士教育完全可以定位为应用型、复合型和法律职业教育。应用型即改变过去通才教育和认知型教育的方向，面向法官、检察官、律师等法律职业共同体输送实践型法律人才；复合型即限招非法律专业毕业生而进行大学后的跨学科教育，满足法律职业部门或社会其他行业中法律实务岗位所需的复合型法律人才；法律职业教育包含法律知识传授和法律职业素养的培养，法律职业教育制度和法学教育制度的有机衔接，是一种与法律职业资格相对应的职业性教育。所以，打造知识共同体、职业素养共同体和职业技能共同体是法律硕士教育的基本特色。

2. 完善法律硕士培养模式

根据法律硕士教育目标的定位，法律硕士培养方案要做相当大的调整，包括考试方式、课程设置、教学队伍、学位论文等方面。考试方式可以是笔试和口试相结合，但考试内容要有所变化。不能在笔试阶段以考法律内容为主，非法律本科生的擅长不是法律知识，而是自己专业的知识。所以，可以采用综合测评与第一专业成绩相结合的办法来选拔学生。课程设置上应从课程内容、编排体例、重点要点、案例分析、思维训练等方面进行更新，突出实践教学环节的地位。教学队伍不能是清一色的研究型教师，必须吸纳实务部门的专家包括资深的法官、检察官、律师、政要等，使学生在大学内、课堂内感受到法律实务的气息并接受法律实务的熏染。学位论文的撰写可以采用灵活多样的形式：可以是案例的理论分析，可以是实务性强的调查报告，可以是立法动态考察，可以是司法改革设想，可以是纯理论思辨等；也可以考虑不写论文，增加选修课程数量来代替。美国 JD（Juris doctor）就是这样的做法。

3. 法律硕士教育前置于司法考试

从现在司法考试的情况来看，法律毕业和非法律毕业的学生都有资格报名参考。这种制度设置本身不利于中国法学教育与法律职业的联结。近年来，司法考试的内容也在逐步调整，最终达到法学专业知识和法律职业素养的结合是常理之事。按照法律硕士教育设置的目标，完全可以将法律硕士教育与司法考试统一起来，即法律硕士教育前置于司法考试，只有通过法律硕士教育获得法律学位的人才有资格报名参考司法考试。国外的一些做法可供我们参考，例如，"美国的全国律师考试，只有全美律师协会认可的美国大学法学院毕业生（JD）才能参加。日本司法考试则规定80%从大学法学部'法科大学院'的毕业生（专业学位）中录取"[①]。我国的司法考试如果能与法律硕士教育对接，将对法律硕士教育起到十分重要的作用，对法律硕士教育制度的完善和教学模式的改革来说是也一个里程碑性的事件。

（五）余 论

行文至此，似乎还有一些问题没有交代完毕，例如，法学博士教育问题、现有大学法学老师的分流问题等。在这里简要表明笔者的观点，对于通过硕士论文方式获得法律专业学位的毕业生，才有资格参加法学博士的招生考试，法学博士毕业生的培养目标是学术人才。现有大学法律院系的教师主要通过自学、派出进修等方式逐步适应职业教育的需要，还有的可以分流去上大学法律基础课、公共课等。这些需要专门行文进行论证。

---

① 王健. 中国法律硕士教育的创办、发展与成就：1996—2006［J］. 法制与社会发展，2007（5）：64.

图书在版编目(CIP)数据

法律人才培养模式探索/强昌文,郑玉敏著.—合肥:合肥工业大学出版社,2017.6

ISBN 978 - 7 - 5650 - 3363 - 6

Ⅰ.①法…　Ⅱ.①强…②郑…　Ⅲ.①法律—人才培养—培养模式—研究—中国　Ⅳ.①D926.174

中国版本图书馆 CIP 数据核字(2017)第 126102 号

法律人才培养模式探索

强昌文　郑玉敏　著　　　　　　　　　责任编辑　王钱超

出　版	合肥工业大学出版社	版　次	2017 年 6 月第 1 版
地　址	合肥市屯溪路 193 号	印　次	2017 年 6 月第 1 次印刷
邮　编	230009	开　本	710 毫米×1010 毫米　1/16
电　话	人文编辑部:0551 - 62903205	印　张	14
	市场营销部:0551 - 62903198	字　数	211 千字
网　址	www. hfutpress. com. cn	印　刷	安徽昶颉包装印务有限责任公司
E-mail	hfutpress@ 163. com	发　行	全国新华书店

ISBN 978 - 7 - 5650 - 3363 - 6　　　　　　　定价:39.00 元